Mara Bittencourt da Rosa

O Caminho da Eternidade

Literare Books
INTERNATIONAL
BRASIL · EUROPA · USA · JAPÃO

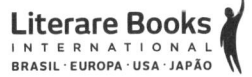

Copyright© 2021 by Literare Books International
Todos os direitos desta edição são reservados à Literare Books International.

Presidente:
Mauricio Sita

Vice-presidente:
Alessandra Ksenhuck

Capa:
Roberto Luiz da Rosa Cachapuz

Diagramação e projeto gráfico:
Gabriel Uchima

Revisão:
Rodrigo Rainho

Diretora de projetos:
Gleide Santos

Diretora executiva:
Julyana Rosa

Relacionamento com o cliente:
Claudia Pires

Impressão:
Impressul

Dados Internacionais de Catalogação na Publicação (CIP)
(eDOC BRASIL, Belo Horizonte/MG)

R788c	Rosa, Mara Bittencourt da.
	O caminho da eternidade / Mara Bittencourt da Rosa. – São Paulo, SP: Literare Books International, 2021.
	14 x 21 cm
	ISBN 978-65-5922-118-9
	1. Espírito Santo. 2. Espiritualidade. 3. Salvação. I. Título.
	CDD 248.4

Elaborado por Maurício Amormino Júnior – CRB6/2422

Literare Books International.
Rua Antônio Augusto Covello, 472 – Vila Mariana – São Paulo, SP.
CEP 01550-060
Fone: +55 (0**11) 2659-0968
site: www.literarebooks.com.br
e-mail: literare@literarebooks.com.br

O Caminho da Eternidade

O CAMINHO DA ETERNIDADE

Nasce, hoje, dia 29 de setembro de 2016.
Autora: Mara Bittencourt da Rosa.
Inspirada pelo ESPÍRITO SANTO.

AGRADECIMENTOS

Minha gratidão ao Espírito Santo, meu companheiro, autor deste livro.

Ao Roberto Luiz, meu filho, pela execução da capa. Fruto do artista maravilhoso que ele é.

Ao Bruno, meu filho, que tantas vezes parou seu trabalho, para me ajudar com o computador.

À Rozane e Margareth, minhas filhas, pelo incentivo carinhoso e total apoio.

Ao Márcio, meu filho, e Michelle, minha neta, pelos trâmites legais e revisão do contrato com a editora.

A todos que intercederam em oração, por este trabalho.

Que o Senhor os faça homens e mulheres de Deus!

O meu abraço mais carinhoso.

GRATIDÃO!

Mara Bittencourt da Rosa

DEDICATÓRIA

Eu dedico este livro a Deus, que me deu a honra de ser seu instrumento na Terra.

Ao Espírito Santo, que esteve comigo em cada palavra, trazendo luz ao mundo, para melhor esclarecer a obra salvífica de Jesus Cristo.

Aos meus filhos, Rozane, Margareth, Roberto Luiz, Márcio e Bruno. Gerados no meu ventre e esculpidos no meu coração. Pilares de ouro que enriquecem e dão sentido à minha vida!

E a toda a minha família e descendência, para que sejam homens e mulheres de Deus, e deem continuação à obra de quem tanto os amou neste mundo!

Mara Bittencourt da Rosa

SUMÁRIO

O CAMINHO DA ETERNIDADE 13
MINHA CONVERSÃO 21
MILAGRES 31
EXPERIÊNCIAS COM O SOBRENATURAL DE DEUS 53
REVELAÇÕES 57
QUEM É DEUS 61
OS ATRIBUTOS DE DEUS 65
QUEM É O ESPÍRITO SANTO 77
A IMPORTÂNCIA DO
ESPÍRITO SANTO NAS NOSSAS VIDAS 91
O OBJETIVO DO ESPÍRITO SANTO EM NÓS 93
QUEM É JESUS 97
JESUS E SEU MINISTÉRIO 101
JESUS E A SALVAÇÃO 105
COMO RECEBER A SALVAÇÃO ETERNA 109
PODEMOS PERDER A SALVAÇÃO? 115
A VIDA ETERNA 119
A VIDA EM ABUNDÂNCIA 125
CÉU 131
ESTE É O MEU CÉU 137

A TRINDADE DIVINA	139
A TRINDADE NO ANTIGO TESTAMENTO	141
A TRINDADE NO NOVO TESTAMENTO	143
AUTENTICIDADE DA BÍBLIA	147
QUEM SOMOS NÓS	153
ESPÍRITO	155
ALMA	159
CORPO	163
PODEMOS ADMINISTRAR A ALMA?	167
CURA DA ALMA E DO CORPO	177
QUANDO O PECADO ENTROU NO MUNDO	185
PERDÃO	191
RESSENTIMENTO E PERDÃO	209
ARREPENDIMENTO	211
ARREPENDIMENTO OU REMORSO	215
O SANGUE DE JESUS E A ARMADURA DE DEUS - PROTEÇÃO	217
PREPARAÇÃO PARA O SOBRENATURAL DE DEUS	223
A CONSTRUÇÃO DE NÓS MESMOS	243
ENCERRAMENTO	249

O CAMINHO DA ETERNIDADE

> *"E, quando vos entregarem (a palavra), não cuideis em como ou o que haveis de falar, porque, naquela hora, vos será concedido o que haveis de dizer, visto que não sois vós os que falais, mas o Espírito de vosso Pai é quem fala em vós."*
> **(Mateus, 10:19-20)**

Há muito penso em escrever um livro. A ideia surge, quase cria vida, mas sempre postergada, acaba se perdendo no tempo. E as páginas que já deveriam estar amareladas, ainda continuam brancas e vazias. Talvez a maior responsável por isso seja a ordem da exposição dos fatos. Mas concluí que devo deixar fluir a linguagem do Espírito.

Nasci em Bagé, no Rio Grande do Sul, Brasil.

Minha primeira lembrança reporta-se aos meus cinco anos de idade: Por que sempre esqueço das coisas passadas...? Nunca vou esquecer do dia de hoje.

E a imagem de uma menina de tranças douradas, laço de fita e aventalzinho de organdi branco, sentadinha, olhando para a vidraça de uma área ensolarada, cheia de plantas, gravou-se para sempre em minha memória.

Da infância, imagens esparsas tentam compor uma sequência, mas são apenas pedaços de tempo, alternados, uns muito felizes, outros nem tanto.

Casa Branca, fazenda dos meus avós maternos, vovô Alcides e vovó Anita. Quantas recordações...! Até inconscientes, vividas em sonhos. Nasci com 4 kg. Com 6 meses, adoeci e fiquei pesando 2,5 kg. Os médicos disseram que não havia mais nada a fazer. Penicilina...ainda não havia naquela época. Meus avós maternos levaram-me para a fazenda, com duas amas de leite, e conseguiram me salvar. Seria o leite delas ou o amor deles que me salvou...?

Muitos dos meus dias infantis foram passados lá, na minha querida Casa Branca. Vovô Alcides, oh como eu o amava...! Saía para o campo, de manhã bem cedo, e voltava às 11 horas, carregado de ovos de passarinho, para mim. Tirava o chapéu e os ovinhos estavam perfeitos lá dentro. Como? Nunca soube. Creio que a magnitude do amor os mantinha assim.

Alguns eu conservava em caixinhas de goiabada, forradas com palha, na certeza de que iam chocar e nascer passarinhos. De vez em quando, abria a gaveta da cômoda do meu quarto, na esperança de que tivesse nascido algum, mas isso nunca aconteceu. Viveram apenas na imaginação da criança... Os outros ovinhos, eu cozinhava para ele comer e ele comia...!

Eu tinha canteirinhos de verduras plantadas e as preparava para meu vozinho amado. Mas deveriam ser comidas antes do seu almoço usual. Talvez venha daí a paixão que tenho por plantar, ver nascer as plantinhas e vibrar com os frutos...

Ele foi o herói da minha infância, minha primeira referência de amor. Dele sempre me senti a única, a mais amada.

Tesourinha, égua baia, marchadora, linda, elegante e minha. Eu andava nela e me imaginava a própria mulher cavaleira, no seu cavalo de sangue nobre.

Os bailes na fazenda, ao som mais lindo...a gaita do meu avô. Que alegria! Como a gente dançava. Como eu gostava de vê-lo tocar...! Nenhuma orquestra o superou nunca para mim.

Quando ia à cidade, ele me pegava em casa e me levava junto, para fazer suas compras e pagar contas. Eu levava uma bolsinha e a enchia com todas as moedas que ele me dava, dos trocos que recebia. Era sempre difícil a nossa separação.

Mas um dia ele morreu. Eu tinha 11 anos de idade. Engraçado...sempre me pareceu menos. Talvez a criança ainda não tivesse crescido em mim. Sofri a ruptura de uma raiz muito forte que me prendia a um mundo do amor mais puro, do colo, da segurança, da paz natural que vivia na minha imaginação e que também se foi...

Nunca esqueci dos detalhes da minha relação com vovô Alcides. Aquele maravilhoso sentimento de amor, de carinho, de respeito, de proteção que ele me comunicava.

Durante muito tempo, já adulta, sonhava com ele e acordava chorando, pois quando ia vê-lo, despertava do sono. Um dia, ou uma noite, meu sonho foi além...eu consegui abrir uma porta e vê-lo sorrindo para mim. Então nunca mais o sonho se repetiu.

Vovó Anita, sua esposa, querida, metódica, cuidadosa e disciplinadora, repetia sempre: "Você tem obrigação de me amar, pois sou sua avó e madrinha"... Eu a lembro com muito carinho, e como poderia esquecer e não amar aquela que, com vontade e forte determinação, foi usada por Deus para salvar a criança de seis meses, desenganada pela medicina?! Seus biscoitos, nunca ninguém conseguiu superá-los! O mogango caramelado e o arroz de leite da Casa Branca...É... tinham o sabor da infância e até hoje me trazem 'água na boca'. Vovó era muito faceira e, no final de sua vida, só permitia que eu lhe cortasse o cabelo.

Meus pais, aqueles que me colocaram no mundo e incorporaram muito de suas personalidades à minha. Ele era o "Dr. Telmo", advogado famoso, que teve berço pobre, mas honesto e muito trabalhador, conseguiu formar-se em Direito. Não demorou a ser reconhecido como um dos causídicos mais famosos do Rio Grande do Sul. Então criou-me como uma princesa, a quem proporcionava tudo do bom e do melhor.

Era o meu ídolo, sempre bem vestido, homenageado aonde andava. Eu assistia aos júris, nos quais ele atuava, e ficava encantada com o seu desempenho. Ao vê-lo na tribuna, discursando, eu achava que ninguém era melhor do que ele. Gostava de fazer surpresas. Os brinquedos e as joias que me dava eram sempre em clima de contos de fadas.

Minha mãe...eu a adorava! Quando eles saíam para viajar, e o faziam muito, eu olhava os objetos do quarto dela e sentia uma dor de saudade. Católica fervorosa. Rezava muito, especialmente o rosário. Bem mais tarde, consegui evangelizá-la e a levei para ser batizada nas águas. Agora ela está com Jesus!

Meus dois irmãos, Telmo e Fábio. Nasceram depois de mim. Meus companheiros de jornada da vida.

Meus avós paternos, meu doce vovô Ervandil, filósofo autodidata, e minha protetora vovó Orientina, moravam conosco. Meu pai tinha se imposto o dever de sustentá-los, pelos sacrifícios que fizeram para pagar os seus estudos. Eles tomavam conta da casa, pois meu pai, apesar de prover com excelência o nosso sustento, não dispunha de tempo para os assuntos domésticos. E minha mãe tinha a saúde muito frágil.

Ainda como personagens da minha infância havia a tia Neiva, única irmã do meu pai, a quem ele dedicava cuidados especiais, o tio Paulino, seu esposo, sempre solícito conosco. Seus filhos, Mariza, Sandra e Mário Roberto, meus queridos primos, a quem dedico um carinho enorme, até hoje. Mais irmãos do que primos. Nossa convivência era diária. As brincadeiras dariam assunto para mais um livro.

A Mariza, meu irmão Telminho (apelido carinhoso que até hoje conserva, na família) e eu éramos os mais velhos. O Fábio e a Sandra, os mais novos. O Mário Roberto ainda não havia nascido. A Mariza era afilhada dos meus pais. Tinha paixão por eles. Havia dias em que brigávamos muito porque ela dizia que o meu pai era mais parente dela do que meu, pois dela era tio e padrinho e meu era só pai. Eu ficava furiosa.

Estudávamos na mesma escola e sala. Eu, tremendamente compenetrada, e ela sapeca demais... Estávamos sempre juntas, eu alta, magra, de pernas finas e tímida. Ela, baixa, gordinha, uma graça e muito risonha. Sempre dona das atenções.

Por parte da minha mãe, também tenho primos, dos quais sempre gostei muito. Ana Flávia, Berenice, Deise, Aluísio, Cleonice, Tancredo Filho. Cada um com seu temperamento, mas todos com o sangue Bittencourt em suas veias. O mesmo meu. Mais a Denise Bittencourt Magalhães, filha da minha querida Tia Loreley.

João Luiz Horta Barbosa, primo querido, filho da tia Loly e do tio Horta, como eu o chamava. Hoje, tão mais tarde, nos reencontramos e somos muito amigos. Então ele passou a ser meu médico conselheiro. Famoso, doutor em medicina, homem culto e de bons princípios.

Sempre fui voltada para Deus. Quando pequena, cursando o primário, em uma escola de freiras, minhas coleguinhas iam para o recreio brincar, e eu, para a capela rezar.

Tive uma adolescência difícil, emocionalmente. Todas as tardes, pelas dezessete horas, encerrava-me no banheiro da casa e chorava muito, sem motivo aparente. Hoje eu acredito que era a tão famosa depressão.

Minha mãe havia se criado na fazenda dos meus avós, seus pais, e contava sobre uma irmã que chorava muito, porque não queria estudar no colégio interno. E pedia para morrer. Então morreu aos treze anos. Eu achava que o mesmo aconteceria comigo, apesar de estudar em um colégio na cidade em que morava, a poucas quadras da minha casa.

Tinha horror da noite, pois custava muito a dormir. Meu pai levantava e ficava comigo, até que eu pegasse no sono. Meu pai querido, que tanto me mimava.

No colégio, eu era assídua e comportada. Precisava tirar sempre o primeiro lugar. Se tirava o segundo, ficava apavorada, pois era uma vergonha, motivo para muitas explicações em casa. Creio que daí surgiu meu histórico de perfeccionismo e a posterior frustração, quando não conseguia o melhor resultado.

Casei-me aos quinze anos. Com vinte, já tinha três filhos, Rozane, Margareth e Roberto Luiz. Márcio e Bruno, meus outros filhos, nasceram mais tarde. Meus cinco filhos, razão da minha vida. Meus frutos, meus resultados. Ah...como os amo!!!

Nessa época entraram na minha vida mais dois personagens muito importantes, meus queridos sogros, seu Nilo e dona Nilza. Ele, sinônimo de honestidade, meu amigo de todas as horas, quieto, de pouca conversa, mas sempre solícito a me apoiar. Ela, alegre, brincalhona, autoritária e doce. Suas prendas domésticas eram perfeitas. Creio que terminaram de criar a adolescente que eu era.

E, com o casamento, entrei em uma nova realidade que me era desconhecida. Responsabilidades de dona de casa, de esposa, de senhora. E de mãe. Rozane, minha primeira filha, tinha o nome da última boneca que ganhei, aos treze anos de idade.

O preço das coisas...eu não tinha a mínima noção...! Sempre havia recebido tudo nas mãos.

Mas o casamento me trouxe nova realidade. Como era caro um frango...bem mais do que a carne de gado. E eu amava frango assado, mas não cabia em nosso orçamento. Ovos, leite condensado, chocolate... uma fortuna...!

Bem diferente de quando eu chorava e meu pai me enchia de presentes.

Quando meu terceiro filho, Roberto Luiz, tinha nove anos, voltei aos estudos e fiz curso superior de Letras. Fui laureada de tanta vontade que tinha de estudar. Então comecei a lecionar, já em faculdades. E ocupei alguns cargos sociais e profissionais.

Meu marido, também bastante novo, estava começando a vida. Casamos apaixonados. Apesar de todas as novidades, eu era muito feliz com ele. Achava que Bagé, minha cidade natal, era o centro do mundo, e que lá viveríamos juntos e felizes o resto dos nossos dias. E esse casamento durou dezoito anos, no fim dos quais o tempo apagou. Meu marido saiu de casa, refez a sua vida, e eu fiquei sozinha, com quatro filhos, três adolescentes e um bebê, para criar. E criei, com a ajuda de Deus! Hoje adultos maravilhosos!

Com meus filhos, fui morar em Porto Alegre. Lá fiz Direito e trabalhei muito.

Hoje vejo que sempre estive sob o olhar e ajuda de Jesus!

Casei novamente. Acho que corri atrás da felicidade e do amor. Mas não deu certo. Mais uma perda muito difícil para mim.

Desse novo casamento, ganhei o meu amado filho Bruno. Um dos cinco pilares da minha vida.

Hoje sou viúva.

Finalmente aprendi que não se pode depositar as nossas esperanças e ideais em outra pessoa, pois a emoção é a área mais bela e difícil de nossa vida, nem sempre passível de carregarmos sozinhos. Por isso, o desenvolvimento das ciências médicas que tratam de nossa psique. Como poderemos então depender das emoções do outro? Ou nos responsabilizarmos pela felicidade de alguém?

Não estou fazendo apologia contra o casamento. Pelo contrário, continuo crendo no seu valor, pois ele constrói a família, célula mater da sociedade. Mas afirmo que cada pessoa deve ser responsável pelas suas emoções, para ter condições de se manter em um casamento. Se antes de entrar nessa instituição as pessoas procurassem curar seus traumas e se fortalecer em Deus, realmente a sociedade seria melhor. O contrário disso leva à eterna cobrança do outro cônjuge. O amor, que realmente deveria ser verdadeiro, também termina sofrendo essas consequências. E pode se desviar de suas finalidades.

Em Porto Alegre, comecei a trabalhar, lecionando no Estado. Tive uma confecção. Trabalhei muito. Precisava criar meus filhos. Cada um estudando e levando suas vidas, no novo padrão de uma cidade grande.

Então adoeci, tive uma enorme hérnia na coluna, que me impedia de caminhar. Passava o dia tomando calmantes para dor e, de noite, ia para a Faculdade de Direito. Os médicos queriam me operar, dizendo que eu ficaria com sequelas, se não o fizesse. Mas sempre firme e convicta de minhas obrigações, eu dizia que só iria marcar a cirurgia depois da última prova na faculdade. E assim fiz. Aos nove dias de operada, fui à minha formatura de Direito, receber o meu diploma.

Hoje carrego na minha felicidade:

- Cinco filhos, Rozane, Margareth, Roberto Luiz, Márcio e Bruno;
- Nove netos, Michelle, Daniele, Bianca, Diego, Luciana, Cassiano, Tayná, Thiago e Henrique;
- Oito bisnetos, Isabelle, Nathália, Manuela, Pietro, Koah, Melissa, Emílio e Esther;
- Dois trinetos, Alice e Felipe.

Formam a minha família, sustentam as minhas emoções. O amor intenso que recebo de todos é algo maravilhoso! Constrói uma base forte na minha vida! São doces pedaços de mim...!

MINHA CONVERSÃO

Quanto à minha vida espiritual, estava muito conflitada. Era muito religiosa. Mas tinha uma enorme carência de intimidade com Deus. Em busca dele, andei em várias religiões, mas dizia sempre: "Deus, é ao Senhor que eu busco, mas o Senhor não está aqui". E saía mais carente ainda.

Passado um tempo, já advogada, eu estava trabalhando muito. Tinha escritório de advocacia. E estudava para concursos. Ainda tinha dois filhos menores para criar. E queria ter um trabalho que me desse um rendimento fixo.

Houve um feriado longo e eu pretendia passá-lo trabalhando. Mas senti uma dor no peito e o médico aconselhou-me a diminuir o ritmo de trabalho ou o coração iria me parar. Então Rozane, que já morava em Londrina, convenceu-me a passar o feriado em sua casa. Foi uma luta tenaz, pois certamente o Inimigo fez de tudo para que eu não fosse. Mas terminei indo. Havia pessoas jejuando e orando pela minha viagem. Os planos de Jesus para a minha vida espiritual começavam a se concretizar.

Chegando em Londrina, encontrei um grupo de pessoas no apartamento da Rozane. Estavam louvando e orando. E um canto suave, como se viesse da voz de anjos, foi penetrando no meu coração, quebrantando-me e fazendo-me chorar. Eles foram muito carinhosos. Abraçavam-me e diziam palavras tão lindas...!

Deus foi tão maravilhoso comigo, que naquele feriado havia uma convenção de pastores de São Paulo, em Londrina. E eles estavam lá.

Um pastor de Santa Bárbara do Oeste, São Paulo, enorme conhecedor da Palavra, ficou me discipulando até às 4:30 da madrugada. Eu, cheia de dúvidas, perguntava e ele respondia na Bíblia, até que eu disse: "Pode fechar a Bíblia, porque é esse o Deus que eu quero e procuro desde criança". Então, tive o momento mais lindo que um ser humano pode ter. O pastor orou comigo, pedi perdão pelos meus pecados, recebi Jesus como meu único e total Salvador e entreguei-lhe a minha vida, para sempre. Desse momento em diante, considero-me uma outra pessoa. Mais feliz, mais realizada, com um maior objetivo: levar vidas para Jesus, mostrando-lhes o caminho da eternidade, com Deus.

No outro dia, fizeram um churrasco. Os pastores estavam lá. Comecei a questioná-los sobre cair no Espírito. Perguntei-lhes se isso era preciso para ser batizada no Espírito Santo, pois eu tinha certeza de que não cairia. Afinal, eu havia feito muita dinâmica mental, o que me havia dado enorme segurança. Eles respondiam que não necessariamente, pois havia várias formas de receber o Espírito Santo.

À noite, houve um culto. Após a pregação, chamaram as pessoas à frente e eu fui. Um pastor veio direto a mim, levantou sua mão e antes que começasse a orar eu já estava estendida no chão. Nunca esqueci aquela primeira vez em que tive a maravilhosa sensação da presença de Deus em mim!!! Minha primeira experiência com o Senhor! Indescritível!!!

Creio que a minha conversão foi como uma bala de canhão nas mãos de Deus. Nunca retrocedi e nem pensei em fazê-lo.

Ao término do feriado, voltei para Porto Alegre. Completamente cheia do Espírito, não tinha outro assunto a não ser falar em Jesus. Lá eu não tinha igreja, nem pastor. Rozane e eu fomos as primeiras evangélicas de toda a nossa família. A maternidade se havia invertido, ela passou a ser minha mãe espiritual. Isso acontece quando levamos alguém para Jesus.

E eu, com uma tremenda sede espiritual, queria participar de algum grupo que me ensinasse a Bíblia, pois, apesar de dois cursos superiores, Letras e Direito, pós-graduações e muita leitura dos melhores filósofos, nunca tinha estudado a Palavra de Deus.

Então, um pastor de Londrina, com um grupo de pessoas de sua igreja, foi a Porto Alegre. Ficou uma semana evangelizando a mim e minha família. Fazendo cura interior, libertação e ministrando para nós. Formou uma célula de orações e colocou uma médica de líder, até que eu aprendesse mais. Depois voltou para Londrina e, de vez quando, ia a Porto Alegre. Obrigada, meu querido pastor João Batista!

Pedia muito ao Espírito Santo que me ensinasse, pois eu não tinha pastor em Porto Alegre, e ele foi o autor da Bíblia. Coisas fantásticas aconteciam. Aonde eu andava, ele me mostrava situações e as usava para me ministrar. Eu ouvia sua voz quase audível. Mas queria compreender mais a Palavra.

Então, numa decolagem de avião, ele me disse: "Olha para baixo. Vês os edifícios, as casas, as ruas, as pessoas?" Conforme o avião subia, perguntava-me: "Ainda vês?" Eu ia respondendo: "não senhor...". Aí ele continuou: "Filha, estamos a nove mil metros de altura e tua visão não alcança mais nada lá embaixo. Como queres compreender Deus, a inteligência que formou o Universo?!". E eu compreendi que a Bíblia é cheia de mistérios que a nós cabe acreditar e não compreender.

Outra vez, eu estava em um velório, e ele me disse: "Vai até o caixão, olha para o morto e vê como ele não leva nada deste mundo. Até as roupas que o vestem serão consumidas embaixo da terra. Assim são todas as pessoas". Era parte do tanto que me ensinaria depois.

Recém convertida, eu fui à padaria comprar pão. Na volta, entrei em uma casa, onde estava havendo um culto caseiro. Fiquei um pouco, encostada na porta da sala, onde havia um pastor pregando. Pelo adiantado da hora, precisei sair. No outro dia, pessoas lá presentes foram me contar o que tinha sido falado por aquele pastor.

Após minha saída, ele perguntou quem era aquela mulher que estava parada na porta? E disse que eu tinha um ministério muito forte de libertação. "Quando ela se aproxima, os demônios fogem". Eu ainda nem sabia o que era ministério de libertação. Mais tarde, isso se manifestou em mim, realmente de maneira relevante. E até hoje sou usada por Deus para expulsar demônios, fazendo-o até em sonhos.

E quanto mais o tempo passava, mais eu me aproximava de Deus. Ávida por conhecê-lo, eu o buscava na Bíblia, nas orações, nas pregações, nos cultos, nos livros.

Nessa época eu estava casada com um fazendeiro, em Porto Alegre. Ele se converteu também. Fomos morar em uma casa muito grande e linda. No início, eu me assustava com tudo aquilo. Precisava de dois empregados morando lá, pela segurança e o trabalho que dava. Tínhamos uma rede de telefonia interna, para a comunicação.

Em vez de alegre e feliz, comecei a ficar nervosa com a dimensão daquela casa. Dias depois, o Espírito Santo me disse: "Ou tu dobras o joelho agora, agradeces e assumes esta casa, ou vou tirá-la de ti". Nessa semana, deu errado um negócio que o meu marido tinha feito e quase perdemos a casa. Então clamei ao Senhor que me perdoasse, agradeci e tomei realmente posse dela. Mais tarde, eu saberia o propósito de Deus para aquele lugar.

A médica, que inicialmente liderava o grupo, voltou para Brasília, de onde havia vindo. Então, convidei pessoas para formarmos um grupo de orações, na minha casa. Comecei com cinco ou seis pessoas e o grupo foi crescendo.

Uma sala ficou pequena, passei para outra, que também ficou pequena, até levarmos o grupo para a garagem, que dava para quatro carros. E quando aí também não cabia mais gente, abrimos o portão que dava para o jardim da frente e o outro, para a rua. Foi a cento e cinquenta pessoas. Então compreendi o propósito do Senhor.

Uma igreja batista começou a me dar cobertura. Ia sempre um pastor me ajudar e começamos a fazer cultos. Havia um outro pastor que me ministrava.

Fiz Teologia nessa igreja e vários outros cursos, para aprender mais da Palavra. Desde o início, manifestaram-se em mim dons de evangelismo, de libertação e de batismo no Espírito Santo. Talvez antes mesmo de que eu tivesse consciência do que era isso.

Um dia, houve uma convenção regional da ADHONEP, em Porto Alegre. O seu presidente, Pastor Custódio Rangel, chamou pessoas para orar por batismo no Espírito Santo. Eu não fui à frente, pois nunca tinha feito aquilo, então ele me chamou: "Levante-se e venha orar". Rapidamente obedeci e quando levantei a mão para orar com uma mulher, esta caiu e seguiu falando em línguas. Creio que o Espírito Santo usa quem quer e dá dons para quem ele quiser.

E os cultos na minha casa iam crescendo muito, com a presença de todas as classes sociais. Pessoas que não entravam em uma igreja evangélica, por preconceito, iam lá. Assim, evangelizei médicos, engenheiros, economistas, empresários, advogados e muitas pessoas que não acreditavam nem na Bíblia. Geralmente começava com um debate intelectual, e aos poucos o espírito das pessoas ia se abrindo, então terminavam aceitando a Palavra e entregando sua vida a Jesus.

Entre esses, muitos estão com ministérios grandes em Porto Alegre. Um engenheiro lidera um dos maiores grupos de jovens de lá. Um médico e sua esposa, os quais evangelizei, receberam Jesus comigo. Hoje os dois são pastores e têm 21 igrejas no Rio Grande do Sul.

Um grupo de intercessores chegava à tarde para orar, lá em casa. Fazíamos uma mesa grande de café, com gostosas iguarias, para que todos se alimentassem, antes dos cultos que eram à noite.

Havia muitas curas, milagres, conversões e pessoas entregando suas vidas a Jesus. Recebíamos e hospedávamos muitos pastores de outras igrejas, evangelistas, missionários de muitos lugares do Brasil e de fora. Uma das missionárias, que eu amava receber, era uma senhorinha que não sabia ler. Colocava o dedo em cima de um versículo e dizia: Deus mandou para a pastora. E certamente eu era beneficiada com uma mensagem, diretamente da Sala do Trono. À noite, ela me pedia um lugar isolado e ficava lá orando, até o outro dia.

Até que um dia, eu fui à igreja batista que nos dava cobertura, para falar com o pastor presidente. Ficava na zona sul de Porto Alegre. Disse-lhe que vinha oferecer-lhe um grupo de cento e cinquenta pessoas para ele abrir uma igreja na zona norte, onde essas pessoas se reuniam, na minha casa. Ele respondeu que não era do seu interesse abrir igrejas, pois seu objetivo era fazer escolas para crianças.

Eu fiquei preocupada, pois o que iria fazer com toda aquela gente? Então o pastor que me ministrava disse-me da necessidade de eu ser consagrada pastora e abrir uma igreja. Isso gerou um impasse familiar, pois minha família era contrária à ideia de eu assumir um ministério pastoral. Diziam que a vida de pastor era muito difícil. Decidi pensar e resolvi que não queria ser pastora. Foram dias cruciais para mim. Uma tremenda luta entre a razão e o espírito.

Então o pastor, que me discipulava, foi categórico comigo. Alegava que eu não poderia deixar tanta gente, que eu havia evangelizado, sem pastor. Deus não se agradaria disso. Até que eu cedi e foi tudo preparado para minha consagração.

Foi realizado um culto festivo na minha casa. Fizeram-se presentes pastores de várias igrejas e denominações de Porto Alegre, dando-me todo apoio.

A família toda compareceu. Quase não havia espaço. E eu fui consagrada pastora. Realmente um marco muito importante na minha vida.

Começamos a idealizar uma igreja. Surgiu um prédio para alugar. Meu marido reformou todo. Ficou ótimo. Foi onde se fez a Igreja Evangélica Casa de Jesus.

Tantos milagres, graças e maravilhas o Espírito Santo fez ali, onde Ele tinha total liberdade! Vou dedicar um capítulo deste livro para relatar alguns.

Os cultos eram maravilhosos. Um grupo de louvor muito bom. Pessoas chegavam chorando e saiam sorrindo. Dois pastores foram trabalhar comigo. E um fervoroso grupo de pessoas encarregava-se da intercessão e do cuidado com as pessoas. Eu era a pastora presidente. Havia gente me ajudando na parte administrativa. Tínhamos cultos durante a semana e nos domingos.

Preocupava-me em dar atenção a todos os que lá chegavam. Acompanhava-os e cuidava de suas vidas. Um engenheiro casado ia sempre sozinho. Disse-lhe que não se entristecesse, pois alguém da família tinha que levar Deus para casa e ele faria a obra. Com o passar dos dias, comecei a ver sua esposa e as duas filhas, junto com ele. Era lindo assistir ao mover de Deus. Hoje ele tem um ministério e serve ao Senhor. E sua família também.

Os batismos eram feitos na piscina de nossa casa, em Porto Alegre, ou na fazenda, na Lagoa dos Patos. Era uma festa. O conjunto de louvor tocando e cantando. Antes pregávamos sobre o que era o batismo e depois as pessoas se organizavam em filas para entrar na piscina e professar sua fé. Até que um dia eu tive a graça de batizar dois filhos meus, os mais velhos dos homens, Roberto Luiz e Márcio. Foi muito emocionante. Maravilhoso presente de Jesus. Os outros três, Rozane, Margareth e Bruno já eram batizados.

Comecei, também, um programa de rádio, com audiência de 80.000 pessoas. Evangelizava e orava. Os milagres aconteciam. Um grupo de intercessores ia comigo e ficava na sala ao lado, atendendo as ligações que chegavam de toda parte. Uns pedindo graças, outros contando e agradecendo milagres e relatando testemunhos. No final do programa, antes da oração final, eu orava por todos que deixavam seus nomes e pedidos. Coisas fantásticas aconteciam.

Até hoje tenho saudades desse programa. Chamava-se "O Amor de Jesus".

Fui convidada para preletora da ADHONEP – Associação dos Homens de Negócios do Evangelho Pleno. Tive experiências maravilhosas nesse ministério. Ia a muitas cidades, pregar nos chás. Curas e conversões sempre aconteciam. Às vezes, me era difícil sair da cidade, por causa da Igreja Casa de Jesus, mas eu terminava obedecendo o Espírito Santo e indo.

Uma artista se converteu e foi ao Rio Grande do Sul, fazer uma campanha evangelística. Um grupo de pessoas da nossa igreja, e eu, fomos acompanhá-la. Ficamos amigas. Ela ia à minha casa, onde conversávamos muito. Recém convertida, queria saber mais e mais de Jesus. Um dia, marcou seu casamento e me mandou um convite. A festa seria algo fantástico, com requintes de casamento de princesa. Fiquei encantada e imediatamente resolvi comparecer.

Depois de vários planos para a promissora viagem, fui olhar minha agenda e vi que eu tinha um compromisso para pregar em Criciúma, Santa Catarina, no mesmo dia. A princípio, pensei que seria fácil transferir, mas Deus tinha outros planos na minha vida. Então o Espírito Santo falou comigo e disse que eu deveria cumprir o que havia tratado em Criciúma, o que significava não ir ao casamento. Fiquei atônita com aquilo e tentei "negociar" de todas as formas cabíveis com o Espírito Santo. "Eu troco somente a data de Criciúma...eu gosto tanto da noiva, ela vai ficar chateada se eu não for... eu queria tanto ir..." Mas ele foi irredutível e a mim coube obedecer.

Chegou o dia da viagem para Santa Catarina, era uma sexta-feira. Sofri vários ataques do inimigo. Mas enchi meu carro com intercessores e lá fomos nós. Havia pessoas nos esperando e nos levaram para uma casa, onde haveria uma vigília naquela noite. Muita gente compareceu e foi uma noite de avivamento, com graças e maravilhas. No outro dia, sábado, fui entrevistada na televisão. À tarde preguei em um chá da ADHONEP. O clube estava cheio de pessoas. Foi outro derramar do Espírito.

À noite, eu quis voltar para Porto Alegre, mas não me deixaram. Uma igreja convidou-me para pregar no culto da manhã de domingo. Então eu aceitei e disse que viajaria logo após o almoço. A igreja estava lotada. Foi uma unção maravilhosa, um derramar de bênçãos! Na saída, um grupo foi falar comigo e me pedir que ficasse, para pregar no domingo à noite. Respondi que não ficaria, pois precisava pregar na Casa de Jesus. Porém essa resposta era minha, não do Senhor. E ele me disse: "Fica". Como já estava acostumada a ter minha vida dirigida por Jesus, fiquei.

Pedi que me reservassem um lugar para o carro, bem em frente à igreja, pois voltaríamos aquela noite mesmo. Ao chegar para o culto, tinha tanta gente que mal deu para estacionar na vaga reservada para mim.

Era uma igreja de tamanho médio e tinha mil pessoas lá dentro. Comecei a pregar e o derramar do Espírito foi caindo sobre os presentes de uma maneira extraordinária. Parecia que estávamos no céu. Quando terminei de pregar, chamei para a frente quem quisesse receber Jesus. Veio a igreja inteira.

Enquanto eu orava, as pessoas iam caindo, batizadas no Espírito Santo. Os pastores vieram falar comigo e oferecer-se para ajudar a orar, pois era muita gente. Então eu fiquei de um lado e eles do outro. Caíam os que eu orava e os outros não. Certamente aquela igreja não era renovada. Mas o que fazer, quando não somos mais nós que comandamos o mover de Deus?

Voltamos para Porto Alegre e eu só pensava...e se eu não tivesse obedecido?! Durante um bom tempo, pessoas de Criciúma iam assistir os nossos cultos na Igreja Casa de Jesus, para receberem aquela maravilhosa unção.

A festa do casamento foi um sucesso. Aconteceu sem mim. Não era lá que Jesus queria que eu estivesse. Outras pessoas de Deus estariam cuidando daquele evento.

MILAGRES

Foram muitos os milagres para os quais o Senhor me deu a honra de usar como seu instrumento e, graças a Deus, continua usando. Não posso ignorar esses testemunhos, por isso, conto aqui alguns deles. Não estão em ordem temporal. Certamente eu creio na Palavra que diz:

> *"Porque a um, pelo Espírito é dada a palavra de sabedoria; a outro, pelo mesmo Espírito, a palavra da ciência, a outro a fé, a outro os dons de curar, a outro a operação de milagres; a outro a profecia; a outro o dom de discernir espíritos; a outro a variedade de línguas; e a outro a interpretação de línguas. Mas um só Espírito opera todas estas coisas, distribuindo particularmente a cada um como quer."* **(1 Coríntios 12:8)**

> *"Em verdade, em verdade vos digo que aquele que crê em mim fará também as obras que eu faço e outras maiores fará, porque eu vou para junto do Pai."* **(João 14:12)**

Como creio na Palavra de Deus e sei que ele usa todas as pessoas que lhe pertencem, então estou até hoje sob o seu comando. Obedecendo as suas ordens e orando para que me ensine e capacite a cumpri-las.

Não revelarei os nomes de todas as pessoas que receberam os milagres aqui contados, para evitar algum constrangimento. Os que constam quiseram ser revelados, para testemunho da obra de Deus.

1 – Meu primeiro encontro com Jesus. Estávamos na fazenda, meu marido e eu. Na cozinha, eu ensinava a cozinheira fazer o jantar, queríamos comer flor de abóbora, empanada em massa de panqueca. No final, resolvi descansar em uma rede, atrás de um pequeno prédio.

Era um final de tarde, o sol ainda no horizonte. O céu azul e uma temperatura agradável, um tanto rara no Rio Grande do Sul. Comecei a ser tomada por uma doce sensação de paz...! Do lado da rede, havia um banco de jardim. De repente, eu senti uma presença forte de alguém sentado naquele banco. Olhei e meus olhos físicos não viam nada. Mas sobre mim veio uma unção impressionante. Comecei a chorar e disse: "És tu, Jesus?" Ao que ele me respondeu, sorrindo: "Sim, sou eu, minha filha" Eu comecei a chorar copiosamente (até hoje choro ao descrever isso), e não falava nada.

Ele me perguntou, com uma ternura que nunca senti neste mundo - "Não vais pedir nada, filha?" Em meio às lágrimas, eu dizia: -"Pedir o que Senhor, se mais do que eu, tu me conheces e sabes o que é bom para mim?" A partir daí, não lembro mais o que falamos ou se falamos. Só lembro que nunca parei de chorar. Algo tremendo acontecia comigo...realmente não sei descrever. Tudo o que eu queria era ficar ali... pertinho dele...!

Já era noite fechada quando eu saí dali, completamente transbordante de unção. Costumávamos jantar cedo, na fazenda. Mas ninguém foi lá me chamar, nem o meu marido, o qual talvez tivesse até esquecido do jantar. Certamente eu não deveria ser interrompida. E o Espírito Santo se encarregou disso.

2 – Há pouco convertida, fui com uma das minhas filhas, a Margareth, assistir uma pregação do grande evangelista alemão

Reinhard Bonnke, em Porto Alegre. Um magistral encontro com Deus! Realizou-se em um parque, pois não havia lugar no qual coubesse a enorme multidão de pessoas presentes.

Em um dado momento, minha filha quis ir ao banheiro. Saímos caminhando entre a multidão, até que encontramos uma mulher caída, passando mal. Várias pessoas oravam e tentavam socorrê-la. O Espírito Santo me deu uma voz de comando: "Volta e ora com ela, pois quero curá-la". Fiquei horrorizada, pois nunca tinha feito nada igual e nem sabia como proceder. Mas voltei e obedeci, pois já sabia que as ordens de Deus devem ser cumpridas.

Peguei sua mão e disse-lhe: Em nome de Jesus, levanta-te e anda, pois o Senhor já te curou! Ela abriu os olhos e levantou. Saí apressadamente dali e segui em frente. O mérito não era meu. Talvez tenha sido a minha primeira experiência de cura.

3 – Ao meio-dia, tínhamos cultos de curas e milagres, na nossa Igreja, Casa de Jesus. Orávamos e jejuávamos, por isso. Um dia chegou um casal, dizendo que havia uma criança de dez anos, na UTI de um hospital, com problema sério de coração. A mãe havia solicitado que fossem pedir orações por um milagre. Então começamos a orar, clamando a cura e, em determinado momento, Deus revelou que a criança havia sido curada. Olhei no relógio e eram 13:10 h. Então eu agradeci a Deus, deixei o grupo de intercessores na igreja e voltei para o Tribunal, onde eu trabalhava, pois tinha usado o meu horário de almoço para ir à igreja.

No domingo, eu estava pregando, quando entraram no culto a mãe e a criança. No final, a mãe foi falar comigo e disse: "Pastora, essa é minha filha que foi curada do coração, na quinta-feira. Estamos aqui para agradecer o milagre. Eu quero perguntar se ela pode fazer todas as atividades, inclusive ginástica".

Eu olhei para a menina, branquinha e com olheiras, pensando na responsabilidade daquela liberação. Imediatamente, ouvi a voz de Jesus que me dizia: "Não fui eu que curei?" Então disse-lhe com carinho: Sim, querida, foi o Senhor que a curou. Você sabe a que horas ela recebeu a cura? E a mãe respondeu: 13:10, ela sentou na cama e disse: o que eu estou fazendo aqui? Os médicos não entenderam nada. Creio que a criança recebeu um novo coração, de Deus.

4 – Eu pedia muito ao Espírito Santo que tivesse comigo a mesma intimidade que eu tinha com Jesus. E durante um desses pedidos, eu estava caminhando em direção ao Tribunal, onde trabalhava, quando senti uma presença intensa do meu lado, olhei e não vi ninguém. Então, uma voz me disse: "Eu sou o Espírito Santo". Foi um momento sensacional, que certamente nunca esquecerei. E até hoje reconheço a sua presença.

5 – No meu programa de rádio, do qual já falei anteriormente, ligou uma ouvinte e pediu para falar comigo. Disse que o seu marido viera do hospital, desenganado, para morrer em casa. Que ele gostava muito do programa, especialmente quando eu citava seu nome na oração final. Se eu poderia falar com ele pela rádio.

Comecei a orar por ele, durante os programas. Um dia ela ligou, e eu estava no ar. Não podia atendê-la. Mas sua insistência foi tão grande que, no intervalo, os intercessores me passaram a ligação. Chorando, ela me disse que seu marido estava curado e queria me conhecer. Pedi para explicar-lhe que deveria agradecer a Jesus, pois era ele o realizador do milagre. Que ela lhe desse um abraço meu.

Como era bom ver o que Deus fazia, através daquele programa.

6 – Um filho meu precisou fazer uma cirurgia, muito grande e difícil, na coluna. Foi um sofrimento terrível para ele e para mim. Como é natural, as mães são totalmente afetadas nessas horas. Ele forte, corajoso, um verdadeiro homem de fibra e, sobretudo, muito bom. O estereótipo da bondade. Aquela pessoa que não deveria sofrer.

Ele estava com três sondas muito grossas. Uma noite, sua esposa, seu pai e sua irmã estavam com ele, quando foram tirar uma sonda. A dor foi tão grande que seu pai passou mal e teve que ser retirado do quarto. No outro dia, pela manhã, eu cheguei ao hospital e soube do ocorrido. E ainda faltavam mais duas sondas para serem retiradas. Pela primeira vez, eu havia ficado só, cuidando do meu filho. Então o Espírito Santo me mandou orar com ele. Fiz uma oração desesperada pela sua saúde e as retiradas das outras sondas. Ele concordava e agradecia ao Senhor. O trânsito de médicos e enfermeiras no seu quarto parou completamente. Ninguém entrou lá, durante todo o tempo da oração. Assim que terminamos, a porta se abriu e entrou uma enfermeira. Foi um tempo totalmente ocupado pela presença de Deus.

À tarde, quando eu havia ido para casa, ele me telefonou e disse: "Mãe, veio aqui um homem, para tirar-me as outras sondas. Acreditas que não senti nada?!". Voltei ao hospital e perguntei às enfermeiras quem era o homem que havia feito o procedimento no meu filho, pois queria conhecê-lo. Falei de suas características e elas me disseram que não havia ninguém assim lá. As sondas, porém, haviam sido retiradas. Tive a certeza de que foi um anjo que Jesus mandou e, como costuma acontecer, quando um anjo nos é enviado para fazer alguma coisa, nunca mais o vemos.

7 – No grupo de pessoas, onde me converti, em Londrina, havia um casal, com uma filha de 6 anos. Estavam tentando ter o segundo filho, buscando recursos da medicina para isso, porém a moça não conseguia engravidar. Orei com ela, abençoei o seu aparelho reprodutor, e pedi ao Senhor que colocasse ali uma criança perfeita.

Passado um tempo, eu voltei para Porto Alegre, e eles foram para a praia. Lá, a família se divertiu muito. Ela não sabia que estava grávida. Ao chegar em Londrina, começou sentir alguns sintomas e foi fazer exames. E o resultado os deixou muito felizes, era gravidez. Tiveram um filho lindo!

8 – Em Criciúma, Santa Catarina, ao orar com uma mulher moça, que se dizia estéril, Jesus me usou para profetizar que ela estaria grávida, em três meses. Voltei para Porto Alegre e não me lembrei mais disso. Um dia, ligou-me uma pessoa de lá, dizendo-me que eu nem imaginava o que havia acontecido. Depois de um tempo, a moça começou a passar mal. Vários médicos foram consultados. O diagnóstico foi um enorme tumor em seu útero. Aconselharam uma operação urgente, na qual ela precisaria tirar útero e ovários. A mãe ficou furiosa comigo e espalhou pela cidade que uma pastora de Porto Alegre tinha ido a Criciúma e feito uma falsa profecia à sua filha. No entanto, a moça estava passando mal e necessitando fazer uma cirurgia daquele porte. Foi até à igreja em que eu havia pregado, quando estava lá, falar de mim para os pastores.

A moça foi levada a Porto Alegre para operar. Quando o cirurgião a examinou, disse à mãe que sua filha não precisava de nenhuma cirurgia, ao que ela, furiosa, respondeu-lhe que estava com todos os exames em mãos. E eles provavam o estado da filha. Então, o médico disse-lhe que a filha estava com três meses de gravidez.

Voltaram para Criciúma e a senhora andava pela cidade, desculpando-se pelo que dissera. Queria ir a Porto Alegre para pedir-me perdão pessoalmente, mas eu respondi que não havia feito o milagre, mas sim Jesus. Portanto, para Ele deveria pedir perdão, por não ter acreditado no seu poder. A gravidez foi normal.

9 – Ao entrar em um culto, ouvi o pastor falando sobre uma pessoa que estava desenganada, na UTI da Santa Casa, em Porto Alegre. Vi uma das minhas filhas e meu genro chorando muito, mas não quis interromper. Então fiquei pensando quem estaria doente. De repente, tive a visão de uma moça, com cabelo preto, muito branca e fragilizada. Esperei um pouco, então perguntei para minha filha quem era a pessoa doente. Ela me falou que se tratava de uma amiga do seu marido.

No final do culto, o Espírito Santo me mandou ir ao hospital, orar com ela. Certamente me era necessário obedecer. Então pedi que me levassem. Ao chegar lá, consegui entrar na UTI, porque levava a minha carteira de pastora. Fui informada onde era o leito. Deparei-me com o triste quadro da mulher que Deus me mostrara na visão, cheia de tubos e aparelhos. Havia retirado um câncer enorme, da cabeça.

Orei muito com ela e pedi-lhe que me desse um sinal de que estava me ouvindo e concordava com a oração. Ela mexeu, levemente, um dedo. Nesse instante, com o seu consentimento, orei para que recebesse Jesus, como seu único e total Salvador. Isso lhe garantiu a salvação eterna.

De manhã, o seu marido ligou para o meu genro, perguntando quem era a mulher que havia levado ao hospital e o que acontecera lá, pois os médicos disseram-lhe que, naquela noite, sua esposa havia recuperado a ação dos sinais vitais e mostrado melhora. Todos os dias, eu voltava lá e orava com ela. Foi melhorando, até que me informaram de que iria para o quarto.

Na próxima visita, já no quarto, encontrei a sua mãe, falei-lhe quem eu era. A moça ouviu e começou a chorar. Reconheceu a minha voz. Ela ainda não falava, mas a expressão dos seus olhos mostrava o que sentia. Fui até sua cama, dei-lhe um abraço e conversei com ela, sobre o quanto ela era amada por Jesus.

Mais tarde, ela recuperou a voz e ficou boa. Passou a ter uma vida normal. Inclusive voltou a trabalhar. Obviamente, eu fui apenas um instrumento usado por Deus!

10 – Pouco tempo depois de me converter, voltei a Londrina. Junto com minha filha, havia um grupo de pessoas que estava me esperando no aeroporto para orar por uma mulher, há tempos desenganada.

Sem saber daquele encontro, entrei no carro bastante insegura, pois era nova na fé. Pensei que estava indo acompanhar aquele grupo, talvez para aprender a orar. Ao chegarmos em um apartamento, fiquei de longe observando. Estava cheio de gente. De repente, a missionária que dirigia o grupo chamou-me e disse: Irmã Mara, venha orar por esta moça, pois a unção está com a senhora. Com a força do Espírito Santo, eu fui.

Entrei num quarto pequeno e sombrio. Então vi uma mulher enorme, muito gorda, virada de lado, em uma cama na qual quase não cabia. Sentei-me perto dela e comecei a orar. De repente, perguntei-lhe se estava me ouvindo e concordando. Ela deu um sinal afirmativo. Então, com o seu consentimento, orei para que aceitasse Jesus, como seu único e total Salvador. E que Ele perdoasse os seus pecados. Ela mostrava sinal de concordância. Saímos dali e eu disse àquele grupo: essa moça vai morrer esta noite.

Passei uns dias em Londrina e voltei para Porto Alegre. Nunca mais tive notícias daquela doente. Até que um dia, minha filha me ligou e disse que havia encontrado com aquele grupo de orações. Eles mandaram-me dizer que há meses oravam por aquela moça e nunca se lembraram de levá-la a aceitar Jesus. Que Deus precisou trazer alguém de longe para libertá-la, através da aceitação de Jesus. Havia morrido naquela mesma noite.

11 – Estava indo, com uns colegas, para o Tribunal, onde trabalhávamos. Diante do prédio havia uns canteiros, que formavam uns quadrados na calçada. Em um deles, estava sentado um mendigo, passando mal. Sentei-me perto dele, enquanto os outros subiram para trabalhar. Seu aspecto era de um doente grave. Tremia todo e deveria estar com bastante febre. Falei com ele e pedi-lhe que ficasse ali, pois eu iria buscar um café. Fui até a minha sala de trabalho, servi um copo de café bem quente, peguei as bolachinhas disponíveis e desci.

O pobre homem não conseguia segurar os alimentos, eu peguei sua mão para ajudá-lo a se alimentar. Conversamos e ele me disse que tinha família, mas que havia adquirido aids e puseram-no para fora de casa. Mostrou-me seus documentos e disse-me que era evangélico.

Orei bastante com ele, pedi-lhe que renovasse comigo a sua entrega a Jesus, como seu único e total Salvador, o que ele fez. Perguntei-lhe se não tinha telefone de algum familiar seu, e ele me deu um número. Pedi-lhe que não saísse dali, pois eu iria providenciar seu socorro. Naquele tempo, não havia celular. Subi novamente, liguei para o número que me dera, falei com uma mulher de sua família e disse do seu estado.

Em pouco tempo, familiares foram buscá-lo. Chamaram uma ambulância e levaram-no para um hospital.

Dias mais tarde, eu estava trabalhando e recebi um chamado que havia umas pessoas querendo falar comigo. Eram da sua família e haviam ido me agradecer por tê-lo auxiliado. Disseram que não sabiam dele e que tiveram a graça de encontrá-lo a tempo de proporcionar-lhe um fim digno. Que havia morrido aquele dia, recebendo toda assistência do hospital e no meio da família. Fiquei um tempo com eles, convencendo-os que eu não tinha mérito nenhum, mas sim o Deus a quem eu sirvo e ao qual ele entregara a sua vida.

12 – Minha sogra estava doente, no hospital. Eu morava em outra cidade e fui visitá-la. Tínhamos uma relação forte e nos amávamos muito. Ao chegar lá, encontrei-a muito mal, já desenganada. Era de tarde e desde o dia anterior, ela não se alimentara e nem acordara mais. A família aguardava na sala ao lado, ciente de que iria falecer.

Cheguei ao quarto e chamei meus filhos, todos evangélicos. Ao entrarem, eles fecharam a porta. Então comecei a orar e falar com ela, abraçando-a por detrás de sua cabeça. Profetizei sua cura e ordenei-lhe que abrisse os olhos, pois estava curada. Ela abriu bem os olhos, e disse: que fome! Eu quero um café! Chamamos a família, que não entendeu nada, assim como os médicos. Ela sentou-se na cama e comeu à vontade. Mais tarde, foi para casa.

13 – Foi a Porto Alegre um artista de televisão muito conhecido, para ser preletor de um jantar da ADHONEP – Associação dos Homens de Negócios do Evangelho Pleno. Ele havia se convertido há pouco tempo. O jantar foi em um clube e tinha muita gente.

Com outras pessoas, eu o estava acompanhando. Na hora da oração final, ele pediu licença para quebrar o protocolo e me chamar para orar, pois em jantares da ADHONEP só falam homens. Disse que ainda não estava preparada para aquele momento. Então eu fui e orei.

Logo após, fizeram uma fila, pedindo oração. No final, estavam umas mulheres, e um homem junto. Uma delas falou: Pastora, trouxemos este engenheiro para ouvir a Palavra, pois já fizemos de tudo para que se converta, mas é muito racional e não acredita em Deus. Olhei nos seus olhos e perguntei-lhe: "Você acredita em Jesus?" Ele me respondeu: "Não." "E em Deus?" "Também não". Então, peguei em seus braços e comecei a orar. A unção do Espírito Santo estava muito forte naquele lugar.

Fiquei um tempo evangelizando-o, no fim do qual ele reconheceu que estava errado e aceitou Jesus, como seu único e total Salvador. Ao despedir dele, eu profetizei: "Na próxima semana, você terá uma experiência muito grande com Jesus".

Não soube mais dele. Até que um tempo depois, eu estava pregando em um culto da Igreja Casa de Jesus e ele entrou. Não o reconheci, o que é normal muitas vezes quando a gente está cheia do Espírito Santo e as coisas acontecem. No final do culto, ele veio falar comigo e me perguntou se eu lembrava dele. Vi que estava com uma cicatriz bem grande na cabeça, ainda com os pontos. Respondi-lhe que não lembrava.

Então, me disse quem era e contou tudo o que tinha acontecido. Aquele jantar havia sido em um sábado. No domingo, ele foi para praia com a família. Lá, ele teve uma dor de cabeça forte.

Levaram-no para um hospital, em Porto Alegre, e já precisou ficar internado, pois os médicos tinham diagnosticado um tumor muito grande em sua cabeça. Operou e começou a fazer quimioterapia. Em uma das sessões, ele se lembrou e orou, dizendo: "Aquela pastora me disse que eu teria um encontro contigo Jesus. Se ela estava certa, fala comigo, Senhor". Então viu sair uma luz muito forte do aparelho e queimar a sua cabeça.

Ao sair, disse para a enfermeira o que acontecera. Ela respondeu que não tinha luz nenhuma no aparelho. Após fazer exames, foi diagnosticado que estava curado e não precisava mais de quimioterapia. Foi quando ele resolveu dar o testemunho na minha igreja e em várias outras também.

14 – Eu recebia muitos convites para pregar. Inclusive em outros estados e países. Um dia fui convidada por uma igreja nos Estados Unidos. Chegando lá, com 18 x 11 de pressão arterial, comecei a pregar no mesmo dia.

Uma senhora tinha um problema no pé e havia consultado muitos médicos, sem receber a cura. Foi curada durante o culto. Fiquei uns tantos dias pregando em New Jersey. E foi uma bênção!

Um dia, fui fazer compras com a esposa do pastor, na casa de quem estávamos hospedados. Durante a escolha das compras, em uma casa muito grande de departamentos, perdi minha bolsa, com passaporte e demais documentos. Ficamos apreensivas, procurando em todo lugar e avisamos a segurança da loja. De repente, parou um homem na minha frente e me entregou a bolsa. Durante os segundos que se passaram, ele desapareceu.

Saímos a procurá-lo, para agradecer, mas nunca o encontramos. Fomos ao departamento de segurança da loja e ninguém o conhecia. Não fazia parte dos funcionários de lá.

Então, depois de constatar que estava tudo intacto, desde o passaporte, dinheiro e demais coisas, concluí que era um anjo mandado por Deus. Isso acontece muito, quando anjos nos ajudam e nunca mais voltamos a ver a pessoa usada. São os cuidados de Deus para os seus filhos!

15 – Um dia eu estava em uma praia de Santa Catarina, caminhando na areia e orando. De repente, tive uma visão com um menino de uns dez anos, correndo perigo de vida. Parei e comecei a clamar: "Senhor, salva esse menino, não o deixa morrer!!!" Eu chorava e clamava, em alta voz: "Não deixa morrer...Jesus!!! Salva, salva...!!!" Depois fui andando até a barraca onde estava sentada.

Mais tarde, veio uma moça me vender bijuterias, e perguntou-me se tinha sabido do acidente com um menino de dez anos. Um *jet ski* havia atropelado o menino dentro d'água e o deixado muito ferido.

Um helicóptero levou a criança para um hospital, em Florianópolis. Foi nesse momento que eu tive a visão. A criança foi salva.

16 – Em outro dia, estávamos orando dentro d'água, Rozane e eu, e foram chegando pessoas para perto de nós. Então formamos uma roda grande. Veio um menino, de uns nove anos, segurou as minhas mãos e começou a orar por mim. Lembro-me que ele dizia: "Deus, protege esta mulher! Livra-a de todos os males". E começou a expulsar demônios, ordenando que não chegassem perto de mim, pois eu era de Deus e tinha um grande ministério a cumprir.

Fiquei muito impactada e também orei por ele. Saiu caminhando e quando o procurei, não mais o vi. Fiquei mais dias naquela praia e, por mais que procurasse, nunca mais vi aquela criança. Certamente um anjo usado por Jesus.

17 – Eu me preocupava muito em evangelizar os vizinhos, fazia churrascos, convidava-os, visitava-os, mas não era uma tarefa muito fácil, pois havia uma igreja católica muito forte no nosso bairro. Um dia recebemos um convite para o aniversário de um vizinho, com o qual havíamos feito amizade.

A princípio, achei que não deveria ir, pois seria uma festa ímpia. Depois, o Espírito Santo me mandou que fosse. Afinal, até

Jesus comeu com publicanos...! Um guerreiro não pode fugir à luta! Todas as pessoas têm o direito de conhecer a Palavra.

Chegando lá, meu marido e eu vimos um grande número de pessoas, bebendo, rindo, contando anedotas. Eu me senti bastante deslocada e pensava "por que o Senhor me mandou aqui?". De repente, a esposa do aniversariante veio falar comigo, dizendo que seu marido estava pedindo para eu falar, tão bonito como falava em minha casa, nos cultos lá realizados.

Peguei o microfone, saudei o aniversariante e sua família, e não sei mais o que falei, pois só lembro que as pessoas foram silenciando, soltando os copos e, quando eu fiz a oração da aceitação de Jesus, muitas levantaram as mãos e oraram comigo, entregando suas vidas para Ele. Saí de lá realizada e cheia do Espírito.

18 – Havia uma família vizinha que não se dava conosco. Eram muito católicos. Um dia Jesus me mandou que chamasse a esposa, porque iria curá-la. Mandei-lhe um recado para que viesse ao culto naquela noite, em minha casa. Quando havíamos começado, ela chegou, com o marido segurando de um lado e um filho, do outro. No final, fui completamente tomada pelo Espírito Santo, orei com ela e ordenei a cura. Foi fantástico, ela saiu caminhando sozinha e foi curada de um câncer. A família ficou tremendamente feliz.

19 – Desde cedo, no meu ministério, eu orava com as pessoas e muitas caíam, no Espírito. E quando levantavam, estavam completamente renovadas e cheias da presença do Espírito Santo. Era realmente um doce mistério. Mas conforme mudei de igreja, para outra não renovada, esse dom foi parando. E isso me deixava muito triste.

Um dia, eu estava numa Convenção Internacional da ADHONEP no Rio de Janeiro, onde sentia-se arder o fogo do Espírito, e pedi ao Senhor que me renovasse esse dom, lá, onde ninguém me conhecia e as pessoas não poderiam ser influenciadas. De repente, comecei a orar com os que estavam à minha volta, os quais começaram a cair.

Fui receber oração, na frente, e o Senhor me levou a orar pelas pessoas, que também caíam. Então o preletor me mandou seguir orando e pediu para os seguranças da ADHONEP segurarem os que iam caindo. Orei por muita gente, naquela noite. O quebrantamento foi maravilhoso. Aprendi que o Espírito Santo não tira o dom de quem Ele dá, apenas usa onde tem liberdade.

20 – Minha mãe estava em uma clínica, em Porto Alegre. Eu, morando em Londrina, falava e orava com ela por telefone, sempre fazendo com que ratificasse a oração da entrega da sua vida a Jesus. Um dia, ela estava muito agitada e me disse que não passava bem as noites. Depois que desliguei o telefone, orei muito e pedi ao Senhor que colocasse anjos cuidando dela. No outro dia, minha mãe me disse que tinha passado uma ótima noite. Que um enfermeiro muito bom havia ficado ao seu lado e cuidado dela com muito carinho.

Mais tarde, falei com a diretora da clínica e perguntei-lhe quem era o enfermeiro tão atencioso que tinha cuidado de minha mãe, à noite? Ela me respondeu que lá não trabalhavam enfermeiros, só enfermeiras. Então vi que realmente era um anjo de Jesus.

21 – Outra vez, eu e meus filhos estávamos visitando e orando com minha mãe. Uma outra paciente, sentada na mesma sala, começou a gritar e pedir que nos tirassem dali. Seu olhar era de ódio. Para não causarmos tumulto, nos despedimos e fomos saindo. Ao passar por aquela mulher, eu parei, e comecei a fazer-lhe carinho e a falar-lhe de como ela era querida por Jesus.

Conforme eu falava, ela foi se aquebrantando e me permitiu orar, entregando sua vida para Jesus. Então as demais senhoras foram me pedindo orações. Saí dali chorando, talvez ainda mais aquebrantada do que elas.

22 – Uma noite, eu estava em uma festa, quando uma criança de uns sete anos começou a chorar de dor na barriga. Havia bastante gente, rindo, bebendo, divertindo-se. Realmente não era um ambiente propício para orar. A mãe sentou-se em um sofá, com o filho no colo, enquanto familiares foram buscar o remédio usado na hora da dor.

O Espírito Santo me mandou impor as mãos e orar pela criança. Fiquei um pouco relutante, mas, como sempre, ele impôs a sua vontade e eu sentei no sofá, ao lado daquela mãe. Pedi-lhe licença para orar com a criança, e ela prontamente concedeu. Coloquei a mão na barriga do menino e orei, ordenando a cura. O choro foi passando.

Chegou então o remédio, mediram a dose e ofereceram para que tomasse. A criança levantando a cabeça disse: "Não preciso tomar remédio, a dor passou". Daí uns minutos o menino estava brincando. Até hoje tenho um carinho muito especial por essa criança, hoje um jovenzinho lindo!

Esse é o nosso Deus, que faz milagres, onde e como ele quiser. E a nós, como seus instrumentos, só cabe obedecer.

23 – Convertida há pouco tempo, meu marido e eu fomos assistir a uma convenção sobre cura interior em Serra Negra, São Paulo. Foi ministrada por pastores, psicólogos e psiquiatras. Algo muito edificante. Eu estava maravilhada. Durou uma semana. No dia da volta, eu tive uma intoxicação alimentar tão forte que perdi completamente as forças, pensando que ia morrer. Nem água me parava no estômago.

Então, um ônibus foi buscar todos os participantes em Serra Negra, para levar-nos ao aeroporto de São Paulo. Meu estado era tão deplorável que não consegui ir ao ônibus. Não conseguia me levantar. Meu marido pediu a um casal, que estava de carro, para nos levar. Sentei na frente, com o vidro aberto e um vento no meu rosto. A sensação era de morte. Não sei como consegui entrar no avião.

Lembro que eu queria muito falar com a Margareth, minha filha, para esperar-me com uma ambulância, no aeroporto. Serviram o almoço e Jesus me disse: "Come tudo, porque eu vou te curar". Quando abri a embalagem, vi que era peixe, bem condimentado, com uns lindos acompanhamentos.

Falei a Jesus: "Senhor, como eu vou comer isso aqui?!" Então ele respondeu: "Olha o lugar onde te coloquei, estás vendo um banheiro logo ali?". Então eu comi, já calculando a distância para o banheiro. E para minha enorme surpresa, pude continuar sentada, sentindo-me bem. Fui completamente curada e cheguei a Porto Alegre, agradecida e impactada com esse milagre. O Senhor usou a comida do avião para me curar.

24 – Havia três capítulos da ADHONEP em Porto Alegre. Houve um chá de encerramento do ano, com os três capítulos juntos. Fui convidada para ser a preletora. Nesse dia fui ao salão de beleza e lá fui maquiada. Quando cheguei em casa, começou a manifestar-se uma enorme alergia e os meus olhos não paravam de lacrimejar. Mas eu achei que passaria.

Enchi o carro com intercessoras e fomos para o local do evento. A alergia só piorava. Quando cheguei lá, as organizadoras ficaram apavoradas com o meu estado e só diziam: "E agora, Mara, o salão está cheio, o que vamos fazer?". E eu respondia que não se preocupassem, porque Jesus estava no comando. Convidaram-me para fazer parte da mesa principal e lá fui eu com um lenço grande na mão.

Na hora da preleção, coloquei o lenço na mesa onde eu estava, pois como prego caminhando, pensei que seria mais fácil pegá-lo, em caso de necessidade. Quando comecei a falar, os olhos normalizaram e nem uma gota mais de lágrima saiu. Foi uma bênção enorme, com muita gente pedindo oração e entregando suas vidas para Jesus. Realmente Jesus estava no comando e eu sabia disso.

25 – Eu fui pregar na Tarde da Fé, um culto no Templo da Igreja Presbiteriana, em Londrina. Lá chegando, comecei a sentir um incômodo em uma das lentes, nos meus olhos. E começou a doer, mas entreguei a Jesus, sabendo que ele estava no comando.

Preguei, o culto foi uma bênção. Quando cheguei em casa e fui tirar as lentes, uma delas estava quebrada, causando dificuldade de ser removida de dentro do meu olho. O que me passou completamente despercebido durante a pregação.

Tenho experiências assim. Quando começo a pregar, esqueço de todo o resto. O Espírito Santo toma conta completamente.

26 – Um dia fui pregar novamente na Tarde da Fé. Ao terminar a pregação, chamei para irem à frente as pessoas que quisessem orações. Entre muitas, veio a mim uma senhora moça, bastante abatida. Pediu-me que orasse por sua cura. Perguntei-lhe qual era a enfermidade, e ela respondeu que estava com aids. Orei com toda fé e convicção de quem acredita que Deus continua realizando os mesmos milagres, desde os primórdios da vida neste planeta. Profetizei-lhe a cura, em nome de Jesus.

Não muito tempo se passou, até que ela veio novamente falar comigo, na igreja. Então me disse que tinha algo muito bom para me contar, que estava curada da aids. Que havia feito os exames, os quais constataram a sua cura. O médico ficou muito impressionado, mas confirmou o diagnóstico. Orei com ela, agradecendo pelo milagre ao Senhor. E nos abraçamos, muito emocionadas, ela por ter sido curada e eu por ter sido um instrumento nas mãos de Jesus.

27 – Meu amado genro, Marcus, teve uma ferida em sua cabeça. Após vários exames, foi diagnosticado câncer de pele, na cabeça. Muito nervoso, ele achou que fosse morrer, pois a ferida crescia dia a dia.

Então, eu orei por ele, na véspera, em nome de Jesus, para que fosse curado. No outro dia, ao levantar, olhou-se no espelho e viu que o tumor desaparecera de sua cabeça, que estava limpa, sem nada. A ferida estava solta no travesseiro dele. Ligou para o médico, contou-lhe o ocorrido e desmarcou a cirurgia.

28 – No dia 8-3-2013, fui ao meu médico oftalmologista, em Londrina. Ele examinou-me e diagnosticou ameaça de glaucoma agudo. Seria uma dor insuportável, causada por alta pressão nos olhos, o que me levaria com urgência ao hospital e consequente cirurgia. Fiquei muito nervosa, pois nunca tinha ouvido falar nisso. À noite fui orar. Disse a Jesus que estava com medo, que me colocava nos seus braços, totalmente dependente da sua proteção. Quando terminei de orar, estava em paz.

Marcamos uma cirurgia a laser, com a ressalva de que talvez só pudesse ser feita em um olho e em outro dia, faria no outro. Rozane, minha filha, Michelle, minha neta, Kelton, meu filho do coração, me acompanharam. Foi tudo realizado com êxito completo. Deu para fazer nos dois olhos. Eu não senti nada. O médico dizia: "Vais sentir uma picada..." e eu não sentia... Não tenho a menor dúvida de que Jesus estava no comando. Saí de lá muito bem, com a maravilhosa sensação do valor de uma visão perfeita.

29 – Valter Monteiro é um irmão na fé. Marido da Tatinha. Casal muito querido! Um dia ele teve um AVC e foi hospitalizado. Os médicos constataram que o seu estado era muito grave e com pouca esperança de cura. O movimento e o desespero foram grandes em sua família e amigos. E os diagnósticos cada vez mais preocupantes. Até túmulo foi comprado para ele.

Família e amigos de fé, chorando e orando, faziam plantões no hospital. Lembro de uma noite em que fui orar com ele, na UTI o que me é permitido fazer, na minha qualidade de pastora. Ele estava inconsciente e parecia realmente muito mal. Então peguei as suas mãos e comecei a orar com ele. Completamente cheia da

unção do Espírito Santo, ordenei-lhe, com a autoridade divina, que ele fosse curado.
Falei um tempo ao seu ouvido e disse-lhe que já havia recebido a cura. Que reagisse, pois que ainda não era sua hora de partir, Deus queria usá-lo. Pedi-lhe que apertasse a minha mão se estivesse me ouvindo, o que ele em seguida o fez.
Ao terminar, falei com o médico de plantão que me disse: "Aquele paciente está em estado terminal, não há mais nada a fazer". E eu lhe respondi: Ele foi curado! Quando saí, disse a todos que Jesus o tinha curado. Ele acordou para a vida e foi se recuperando. Hoje está bem, levando vida normal.

30 – Valdir José de Paula, outro amigo querido, a quem eu vinha há tempos acompanhando no caminho da fé. Advogado, estava trabalhando no escritório e, de repente, caiu já sem consciência. Foi levado às pressas para o hospital, com um AVC. Eu andava na rua, quando fui avisada. Disseram-me que ele estava impedido de receber qualquer pessoa. Dei a volta no carro e fui imediatamente para lá. Chegando, encontrei-o numa sala, com outros pacientes muito graves.
Olhei os leitos e não o reconheci. Totalmente entubado e cheio de aparelhos. Em estado crítico e inconsciente. Perguntando onde ele estava, recebi a informação de que era aquele paciente, mas não sobreviveria. Fui para perto dele e o segurei com toda a força, clamando a presença de Deus ali. Orei, com muita força e fé, já sob o domínio do Espírito Santo.
Profetizei que ficaria curado e seria um homem usado por Deus, quando ele não tinha mais aspecto de um ser vivo. Saí de lá aos prantos, quando o vi com olhos humanos. Mas sabia que seria curado. Dias se passaram, e eu continuava indo orar com ele. Até quando, já restabelecido, voltou para casa. E hoje leva uma vida normal, cada vez mais próximo de Jesus, trabalhando na advocacia e sendo um cristão fervoroso.

31 – Manuela, minha bisneta e afilhada, de três anos, estava com febre e a boca cheia de feridas. Muito abatida e sem poder comer, foi levada ao médico. Este diagnosticou virose e que ainda levaria uns dias para curar. À noite, Rozane, sua avó e minha filha, pediu-me para orar com ela. E eu o fiz, profetizando cura, em nome de Jesus. No outro dia, ela amanheceu curada, sem febre e sem feridas na boca.

32 – Sinaida, minha grande amiga e intercessora, foi passar uns dias comigo, na minha residência de Porto Alegre. Numa noite em que estávamos orando, eu levantei e fui orar por ela. Coloquei a mão sobre os seus ombros e comecei a orar por cura. De repente, pensei por que estaria fazendo aquilo, se ela estava tão bem.
No outro dia, ela foi embora. Continuamos conversando pela internet, até que um dia minha amiga me ligou. Notei-a muito feliz. Então disse-me que havia ocultado algo, em minha casa. Antes de viajar para Porto Alegre, ela descobriu um caroço, embaixo do braço. O médico oncologista pediu-lhe exames, mas ela viajou antes de fazê-los. Ao chegar, resolveu não me contar, para que eu não me preocupasse.
Era noite quando oramos, então ao acordar, ela passou a mão embaixo do braço e o caroço havia sumido. Mesmo assim não me contou nada, pois primeiro queria fazer os exames, o que realizou quando chegou em sua cidade. Nada mais foi encontrado. Ela havia sido curada. Emocionadas, aplaudimos o Senhor, dando-Lhe toda a honra e glória por esse milagre. Mais uma vez, vi que somos apenas instrumentos nas mãos de um Deus perfeito, que nos usa para fazer aquilo que nem sabemos que está sendo realizado.

33 – Se nós temos a vida consagrada a Deus e estamos à sua disposição, para que nos use, quando e como ele quiser, certamente irá fazê--lo. E podemos ser canais de bênção para realização de curas e milagres.
Um dia, fui fazer uma visita em um hospital. Após cumprir esse propósito, encontrei com minhas filhas, que iam visitar uma criança, no mesmo hospital. Decidi acompanhá-las.

Ao entrar no quarto, encontrei um menino pequeno com uma cor escura esverdeada, no colo de sua mãe, em desespero. O quadro médico realmente era preocupante. Então senti a voz de comando de Jesus, para que eu orasse com a criança. Após o consentimento da mãe, orei com o menino e clamei que fosse curado. Então o Espírito Santo executou o milagre e houve a cura. Hoje é um lindo menino, saudável e alegre.

34 – Fui convidada para pregar numa igreja em Londrina, da Pastora Hilda. Após o culto, chamei à frente as pessoas que quisessem oração. Levaram uma mulher, de muletas, segurada por duas pessoas. Orei com ela, para que fosse curada.

Então pedi que a soltassem, ao que me responderam que ela não caminhava. Ordenei-lhe, em nome de Jesus, que soltasse as muletas e caminhasse, pois estava curada. Ela soltou, saiu caminhando e foi até o fim da igreja. Ria de alegria e só queria andar. Foi um momento maravilhoso.

35 – Rozane, minha filha, tem uma célula de orações, em sua casa, na qual muitas curas e maravilhas acontecem. Em uma reunião, na casa cheia de gente, estava Andreia Marques, com duas meninas, suas filhas. Laura, a mais nova, vinha sofrendo de algo que os médicos não haviam conseguido diagnosticar.

Sua pressão baixava, deixava-a sonolenta, e a menina dormia. A mãe estava nervosa com aquilo, pois não encontravam a causa. No final, eu comecei a orar e ungir as pessoas. Laura estava dormindo, no colo da mãe. De repente, coloquei a mão em sua cabeça e comecei a orar.

No outro dia, a menina disse para a mãe que havia visto uma mulher que tinha Jesus. Andreia ficou muito impressionada, porque a criança estava dormindo no momento em que orei.

Laura voltou ao normal e na outra célula estava correndo e brincando, todo o tempo. Nunca mais sentiu nada.

36 – Um dia, estávamos numa praia, em Santa Catarina, Rozane, o Bruno e eu. Eles foram para o mar e eu fiquei debaixo do guarda-sol, orando. Quando terminei de orar, quis louvar a Deus, com um cântico. Inexplicavelmente, não consegui lembrar de nenhum.

De repente, comecei a cantar algo completamente novo, letra e música. Estava numa unção tremenda!!! Peguei um pauzinho e fui escrevendo a letra na areia. Quando os meus filhos voltaram, fui a um bar ali perto, pedi papel e caneta e escrevi toda a letra.

Nunca mais esqueci desse cântico, como acontece quando recebemos algo de Deus! Nunca consegui ninguém para reproduzi-lo e orquestrá-lo. Coloco aqui a letra, porque a música não sei escrever. Infelizmente não sei nada de música.

Glorioso és, meu Deus!
Maravilhoso Pai
Tua soberania é
Grande e total!

Eu te agradeço, Deus
Por Jesus Cristo teu
Que é meu Pai
E que aqui por mim viveu!

Glorioso és, meu Deus!
Maravilho Pai
Tua soberania é
Grande e total!

A minha vida é
Um hino em teu louvor
Por ti eu vivo, Deus
E é teu o meu amor!

EXPERIÊNCIAS COM O SOBRENATURAL DE DEUS

Há pouco, tive uma grande experiência com Deus. Eu vinha tentando evangelizar uma pessoa muito querida. Queria passar-lhe minha experiência com Jesus. Mas não estava conseguindo muito sucesso, pois seu conhecimento de Deus baseava-se em religião. Um dia, estávamos fazendo compras, quando veio em nossa direção uma mulher, vendendo jogos de Mega Sena. Agradecemos e não compramos.

Ela era aleijada de uma perna e caminhava com dificuldade. Imediatamente, ao passar por nós, ela voltou. E olhando-me nos olhos, dizia: "Como a senhora é bonita, eu nunca vi uma pessoa assim..." e repetiu várias vezes aquele elogio carinhoso. Entre impactada e emocionada, eu a abracei, agradecendo, e disse-lhe que eu ia comprar o que estava vendendo. Ela dizia que não queria me vender nada, mas que precisava falar comigo.

Logo senti que era o Espírito Santo querendo me usar. Abracei-a novamente e perguntei se permitia que eu orasse com ela. Começou a chorar e me pediu para orar também por seu filho que estava com problemas. Evangelizei-a em rápidos minutos e ela entregou sua vida para Jesus, repetindo comigo a oração da aceitação. Orei também por seu filho. Então eu lhe disse que ela havia visto em mim a luz de Jesus.

Isso no meio do local de compras.

Prometi orar sempre por ela e seu filho, o que faço até hoje. Minha amiga ficou muito impressionada com aquela cena. Terminou indo a uma célula de palavra e orações comigo. E eu, mais uma vez, vi o propósito vivo de Deus, manifestando-se por quem o busca.

Indo a um restaurante, em Londrina, vi uma mulher pedindo esmolas, no jardim. Fui conversar com ela. Dei-lhe dinheiro e perguntei-lhe quem ela era, como estava a sua vida. Disse-me que havia chegado de outra cidade, com seus filhos e estava na casa de sua família, pois não tinha conseguido emprego. Sem marido, estava passando por uma fase difícil. Que já tinha ido a uma igreja evangélica e gostado.

Interroguei-a se já tinha entregado sua vida a Jesus e ela me respondeu que não. Disse-lhe quem Ele é e perguntei-lhe se queria aceitá-lo como seu único e total Salvador. Respondeu que sim. Então pedi-lhe que repetisse comigo a oração da aceitação. Ela o fez e entregou também os seus filhos ao senhorio de Cristo. Abracei-a, com muito amor, e voltei para o restaurante. Minha alegria era tanta, por ter sido usada para salvar uma vida para Jesus, que alimentou melhor a minha alma do que o lindo restaurante o fez ao meu corpo.

Se estamos atentos à voz do Senhor, ele vai nos usar das formas mais inusitadas. Ninguém deve achar que seu chamado é para algo específico e, portanto, não precisa agir fora dele. Por exemplo, se alguém é cantor de uma igreja, acha que não precisa ganhar almas para Jesus, pois não é evangelista. Se alguém é um pregador, não atende ao chamado para orar por um doente, pois crê que o seu dever a Deus já foi cumprido, quando pregou no domingo.

Eu imagino o quanto isso deve desagradar a Jesus, quando Ele foi enfático ao dar uma ordem que a todos atinge, da mesma maneira, e disse-lhes:

> *"Ide por todo o mundo e pregai o evangelho a toda criatura. Quem crer e for batizado será salvo; quem, porém, não crer será condenado. Estes sinais hão de acompanhar aqueles que creem:*

> *em meu nome, expelirão demônios; falarão novas línguas; pegarão em serpentes; e, se alguma coisa mortífera beberem, não lhes fará mal; se impuserem as mãos sobre enfermos, eles ficarão curados."* **(Marcos 16:15-18)**

Esse versículo será repetido neste livro, dada a importância de que se constitui. A ordem fora enfática e dirigida a todos os seres humanos.

Certo dia, eu chamei um carro da Uber, em Porto Alegre. Durante a corrida, comecei a falar de Jesus para o motorista. Ele ouviu atento e encheu os olhos de lágrimas. Então perguntei-lhe se podia orar com ele. Respondeu que sim. Coloquei a mão em seu ombro e pedi-lhe que repetisse comigo a oração da aceitação, pela qual passaria a ser um filho de Deus e obteria os direitos que Jesus prometeu. Imediatamente, ele concordou. E ali, ganhei aquela vida para Jesus.

Isso se repetiu muitas e muitas vezes. Eu ficava emocionada ao ver a carência e desconhecimento de Deus que as pessoas têm. Quantas lágrimas vi de profissionais que iam sentindo a unção do Senhor e terminavam chorando, entregando suas vidas a Deus e pedindo orações por suas famílias e trabalhos.

Eu anotava seus nomes e os colocava em minha lista de orações diárias. Aconselhava-os a procurar uma igreja e nunca esquecer de Jesus.

Hoje, ainda continuo fazendo isso. E oro todos os dias por cada nome ou família, para que o Espírito Santo continue o processo da evangelização em suas vidas.

Em 2006, o meu filho, Bruno, estava estudando nos Estados Unidos, em Los Angeles. Margareth, minha filha, foi comigo visitá-lo.

Fazíamos passeios lindos, com o Bruno. Um dia, íamos conhecer Las Vegas. Na saída para lá, eu resolvi mudar o rumo e ir visitar a Catedral de Cristal, uma obra fantástica, próxima de Los Angeles. Ao chegarmos lá, ficamos completamente encantados com a unção do lugar. Andamos por vários locais, conhecendo os lugares maravilhosos que faziam parte do conjunto da Catedral.

Entramos em um edifício, onde havia uma sala grande de orações. No centro tinha uma escultura de cristal, um bloco com a cabeça de Jesus dentro e a sua mão para fora. Nos ajoelhamos e começamos a orar. A unção era tão grande que a gente não podia parar de chorar.

Depois de um tempo, saímos e nos dirigimos para a Catedral de Cristal. Então eu disse: "Que pena não haver culto nesse horário, mas se tivesse também não íamos entender, pois devem ser em inglês". Eram 13h, ainda não tínhamos chegado lá, quando um alto-falante ecoou, bem alto, que dentro de minutos estaria havendo um culto em espanhol. Eu comecei a chorar, pela resposta imediata de Jesus.

Entramos na Catedral e assistimos o culto. Espanhol é a minha segunda língua, já que nasci em Bagé, no Rio Grande do Sul, BR. Foi algo completamente divino!!! Havia uma janela enorme aberta, bem à nossa frente. E uma nuvem branca, em forma de pomba, ficou todo o tempo ali, parada no mesmo lugar, enquanto estivemos lá dentro.

Filmamos e fotografamos tudo. Guardo até hoje, em perfeito estado.

Voltamos para Los Angeles, completamente ungidos e maravilhados. Certamente foi uma decisão tomada por Jesus, um grande presente para nós.

REVELAÇÕES

Tenho muitos testemunhos de revelação. Mas antes falarei sobre o que são revelações, pois este livro tem a honra de ter como base da verdade a Palavra de Deus. Revelações são experiências espirituais que Deus nos dá, através do Espírito Santo.

A Bíblia nos fala em muitos exemplos, dentre os quais citamos alguns. O evangelista Felipe teve uma revelação enquanto se encontrava sobre o caminho que leva de Jerusalém a Gaza quando viu um eunuco no seu carro. O Espírito Santo lhe disse: "Chega-te e ajunta-te a esse carro". Esse fato está em Atos, 8:29.

O apóstolo Pedro teve uma revelação após ter tido uma visão em Jope, em que viu um grande lençol descer do céu. Nesse lençol havia quadrúpedes, répteis da terra e aves do céu, de toda espécie. Ouviu uma voz ordenar-lhe que matasse e comesse, e à sua recusa a voz lhe disse para não fazer imundas as coisas que Deus tinha purificado. Enquanto pensava na visão, tinham chegado na casa em que se encontravam homens enviados por Cornélio. Eles perguntaram se Simão Pedro estava hospedado ali. O Espírito Santo disse a Pedro: "Eis que três homens te procuram. Levanta-te, pois, desce e vai com eles, nada duvidando; porque eu os enviei a ti". Leia em Atos, 10:19,20.

Eu creio que o Espírito Santo certamente concede dons e ainda se manifesta hoje, por meio desses dons, para edificação de sua obra e de sua Igreja.

Trago aqui alguns testemunhos de revelação com os quais fui agraciada pelo meu adorado Espírito Santo.

Um dia, em Porto Alegre, sonhei que uma criança iria nascer em nossa família. Era uma linda menina! Ao acordar, pensei: essa criança será do Márcio, meu filho, ou da Michelle, minha neta? Encontrei-os conversando e fui logo dizendo: está vindo para nossa família uma criança, e será de um de vocês dois. Surpresos, cada um falou que não seria seu. Realmente, nenhum estava pensando em filho naquele momento. Dentro de pouco tempo, Michelle engravidou, cumprindo-se assim a revelação.

Festejamos o acontecimento! E eu acompanhei toda a gravidez. Michelle morava em Londrina e eu, em Porto Alegre. Ao completar a gestação, ela começou a sentir umas dores, foram ao hospital, o médico a examinou e disse que voltassem para casa, pois talvez fossem dores gastrointestinais. Ainda não de parto. Então Rozane, minha filha, ligou-me para Porto Alegre, contando-me o ocorrido.

Eu lhe disse que fossem para o hospital, pois Michelle já estava em trabalho de parto. Rozane falou que estavam saindo do hospital, que ela havia sido examinada e o médico dissera que não estava em trabalho de parto. Que não tinha vagas nos hospitais de Londrina e que nem tinham levado as roupas. Insisti que fossem em casa, pegassem a mala de roupas, e procurassem outro hospital. O que elas fizeram, sempre ligando-me de onde estavam.

Encontraram uma vaga, em uma cidade vizinha de Londrina. As dores apertavam cada vez mais. Era um fim de tarde. Lá, Michelle foi atendida e já começaram as providências para o parto. Eu continuava acompanhando tudo, por telefone. Mais tarde, levaram-na para a sala de parto. Rozane estava muito nervosa, eu então a acalmava. Quando foram 23, 23 h, disse-lhe: Nasceu e é uma linda menina. Está tudo bem. Agora vai lá acompanhar a tua filha.

Então nasceu Isabelle! Linda, saudável, e muito amada por toda a nossa família. Sempre muito agarrada comigo!

Uma noite, sonhei com um menino loiro. Senti um enorme amor por aquela criança. Ele estava no colo de alguém e chorava para vir comigo. Eu não conseguia pegá-lo e lhe dizia: "Não chora meu amor, tu virás em breve para nossa família". Um mês depois, meu filho Márcio ligou-me, participando a gravidez de sua esposa. Creio que ela tenha engravidado quando sonhei. Oito meses depois, nasceu Henrique. Bem loiro, lindo e sadio. Alegre e demonstrando sempre uma inteligência muito precoce. É uma criança feliz, graças a Deus, hoje com nove anos.

Antes dos cultos em minha casa, em Porto Alegre, eu orava muito com um grupo de intercessores. Um dia, o Senhor me mostrou uma moça clara, de cabelos pretos, toda vestida de verde. Disse-me que ela viria ao culto e que eu precisaria orar muito por ela, pois estava com problemas. Na hora certa, as pessoas foram chegando, a música começou a tocar.

Comecei a pregar e quando vi a porta se abriu. Entrou um casal, acompanhado da moça vestida de verde. Continuei a pregar e no final, em meio a tantas pessoas que vieram pedir oração, aquela moça dirigiu-se a mim, chorando, pedindo-me que orasse por ela, o que fiz com muito amor, pois sabia que estava cumprindo um propósito de Jesus. Era uma pessoa que estava muito necessitada e tinha ido pedir socorro a Jesus. E certamente Ele a ouviu.

Fico sempre encantada com o mover de Deus e pelo uso que Ele faz de nós, muitas vezes sem o sabermos. Basta o grau de sintonia e a comunhão que tenhamos com o Senhor.

Certo dia, acordei sonhando com uma moça de nossa igreja, já em Londrina. O Senhor me mandou que orasse com ela, mas não me falou o motivo. Apenas a conhecia de vista, não sabia nem o seu nome. Pedi ao Espírito Santo que me mostrasse se essa ordem era dele. À noite fui para o culto. Ao chegar na igreja, sentei-me no lugar de costume. Quando me levantei para o louvor, olhei para o lado e lá estava a moça. Mulher bonita, com longos cabelos loiros, bem perto de mim.

Compreendi o comando do Espírito e obedeci de imediato. Chegando ao seu lado, disse-lhe que estava cumprindo uma ordem de Deus e ela aceitou. Passei o braço por cima de seus ombros e comecei a orar. Notei que ela chorava muito. Abençoei-a, em nome de Jesus, e voltei para o meu lugar. Dias depois, soube que a moça estava com câncer. Caíram-lhe os cabelos, pelo efeito da quimioterapia. Mas eu continuava orando pela sua cura. De repente, seus cabelos foram voltando, ela já andava sem o lencinho na cabeça, até que foi curada. Hoje está completamente sadia. Tem ministério na igreja. Trabalha para Jesus. E está ainda mais bonita do que antes!!!

Estávamos em uma praia de Santa Catarina, Rozane e eu. Havia uma jovem que veio nos mostrar coisas que vendia. Comecei a falar de Jesus para ela e perguntei-lhe se queria entregar sua vida a Ele. Com sua permissão, fiz a oração de aceitação, e a moça repetia comigo, aceitando Jesus como seu único e total Salvador.

Continuei orando com ela e vi uma senhora, cozinhando em um fogão de lenha, com o suor caindo-lhe pelo rosto. Era um lugar bem pobre, sem piso no chão. Relatei à jovem que, chorando, disse ser a sua mãe, que estava muito necessitada. Oramos ali, por ela. E todos os dias a moça voltava aonde estávamos, pedindo-nos para orarmos pelas duas, ela e sua mãe.

Em um culto que preguei, em Londrina, havia um menino de uns 12 anos. Do púlpito, eu disse a ele que Deus o amava muito e acompanhava a sua vida. Que o menino seria pastor. No final, ele veio me pedir oração e eu perguntei-lhe por qual motivo me pedia para orar. Então respondeu-me: "quero ser pastor, pois este é o meu sonho desde pequeno". Quando prego, geralmente Deus vai me mostrando vidas e necessidades de pessoas presentes, que eu não conheço. E muitos recados eu dou do próprio púlpito, totalmente na unção do Espírito Santo.

Até hoje tenho revelações. São tantas que se eu continuasse contando aqui ocuparia um espaço muito grande.

QUEM É DEUS

"Porque desde a antiguidade não se ouviu, nem com ouvidos se percebeu, nem com os olhos se viu um Deus além de ti, que opera a favor daquele que por ele espera." **(Isaías 64:4)**

Descrever Deus seria equiparar nossa inteligência à dele. O que é impossível! Explicar o inexplicável. Ou, então, penetrar nos meandros dos mistérios que o cercam.

Mas este livro tem como principal objetivo trazer à luz o seu reino, portanto necessário se faz falar nele e mostrar as provas de sua existência, buscando conhecer quem é Deus e assim adorá-lo e atribuir-lhe honra e glória de maneira mais consciente.

Não poderia eu passar por este mundo vivendo as mais fantásticas experiências com o Deus a quem adoro, desde que tenho consciência do ser vivo que sou e daqui sair quieta, sem a exposição das coisas que vivi e aprendi dele.

Mesmo sabendo que isso poderá me levar a críticas e incompreensões, isso não me impede a realização deste propósito. Se não o fizesse, estaria atribuindo a mim os conceitos de covardia e ingratidão que não me são característicos.

Faço parte da humanidade que habita este planeta, e creio assim estar com ela colaborando, na tentativa da sinalização do caminho pelo qual chegará ao seu destino final: a eternidade com Deus.

Vimos, na Teologia, que é o conhecimento sistematizado de Deus, dois pressupostos fundamentais:

1. Deus existe;
2. Ele se revelou em sua Palavra.

Ele não é algo abstrato, algum poder desconhecido, alguma emoção que se reflete no belo da natureza. Mas é, sim, um ser pessoal autoconsciente, autoexistente, o princípio e o fim de todas as coisas. E transcende a criação inteira, ao mesmo tempo em que é imanente em cada parte dela.

O cristão crê na existência de Deus pela fé. Aquela que transcende o nosso entendimento e tem como base o nosso amor e dependência dele.

Mas também necessita uma fé com base em provas, as quais se encontram nas Escrituras, na Palavra de Deus, revelada por ele mesmo. E necessária ao exercício de nossos ministérios.

A grande revelação de Deus nos foi dada pela vida e obra de Jesus Cristo. Além de mostrar a que veio, ele nos revela o poder de quem o enviou.

> *"...é necessário que aquele que se aproxima de Deus creia que ele existe e que é galardoador dos que o buscam."* **(Hebreus 11:6)**

A Bíblia é o livro mais difundido no mundo. Traduzido para quase todos os idiomas, e incólume nos seus princípios, mostra a existência de Deus, desde a sua primeira declaração:

> *"No princípio criou Deus o céu e a terra."* **(Gênesis 1:1)**

E até o seu final zela pela fidelidade da Palavra divina:

> *"Eu (Jesus), a todo aquele que ouve as palavras da profecia deste livro, testifico: Se alguém lhes fizer qualquer acréscimo, Deus lhe acrescentará os flagelos escritos neste livro; e, se alguém tirar qualquer coisa das palavras do livro desta profecia, Deus tirará a sua parte da árvore da vida, da cidade santa e das coisas que se acham escritas neste livro."*
> ***(Apocalipse 22:18,19)***

Com o tempo foram surgindo alguns estudos sobre a existência de Deus. Uns encontraram arrimo na teologia. Outros, ideias de estudiosos da moderna filosofia religiosa. Outros, ainda, de filósofos e pensadores cristãos. Mas nenhum deles conseguiu definir um conceito verdadeiro sobre a complexidade de tal assunto, isto é, quem é Deus.

Vemos, então, que o nosso conhecimento de Deus é relativo à mente humana, de modo que não se pode descrevê-lo na sua totalidade. Sendo assim, vamos descrevê-lo, tendo como base o que Ele nos revelou a seu respeito.

Creio que ele nos deu todas as informações possíveis para a nossa salvação e, consequentemente, presença com Ele na eternidade.

A ninguém é dado desconhecer o que está expresso na Bíblia, o livro base de quem quer conhecer e seguir a Deus.

Por isso, buscamos melhor conhecê-lo, através de seus atributos.

OS ATRIBUTOS DE DEUS

Os atributos incomunicáveis de Deus

São os que destacam o absoluto do seu Ser e só a ele pertencem. Apenas Deus tem esses atributos e não os transmitiu a nenhum ser criado.
Entre eles, falamos dos seguintes:

Deus é autoexistente e independente.
Na teologia, Deus é identificado como a base primeira e última de todas as coisas. Ele é autoexistente, eterno e independente e tudo depende dele.

Deus é a sua própria causa. Ele é a fonte e o manancial de toda existência. Tem em si mesmo o poder de existir.

Deus existe por si mesmo. Não necessita de nada para completá-lo, pois tem a vida em si mesmo, assim como Jesus e o Espírito Santo.

Ele é Ser Supremo e a fonte de todos os outros seres.

"Eu sou o Alfa e o Ômega, diz o Senhor, aquele que é, e que Era, e que há de vir, o Todo-Poderoso." **(Apocalipse 22:13)**

Está em atividade nas relações dos homens para com Ele, buscando sempre o bem do ser humano. E atua nas nossas vidas à medida que o invocamos e nele cremos. Sempre em respeito ao nosso livre-arbítrio.

Deus é imutável.

"Pois eu, o Senhor, não mudo; por isso vós, filhos de Jacó, não sois consumidos." ***(Malaquias 3:6)***

A imutabilidade de Deus é simultânea à sua natureza de ser que existe por si mesmo. Nele não há mudança, tanto no seu ser, como nos seus propósitos e nas suas promessas.

E por isso, Ele é exaltado acima de tudo e de todos. E isento de todo o acréscimo ou diminuição, assim como de desenvolvimento ou retrocesso em seu Ser e suas perfeições.

A imutabilidade de Deus difere de imobilidade, pois nele há movimento. Conforme diz a teologia, Deus está sempre em ação. Vemos na Bíblia que Ele participa de nossas vidas nos mais diversos modos, mostrando-nos o seu interesse de Criador e Pai, relacionando-se com as suas criaturas.

"Toda boa dádiva e todo dom perfeito são lá do alto, descendo do Pai das luzes, em quem não pode existir variação ou sombra de mudança." ***(Tiago 1:17)***

Sua imutabilidade é uma qualidade que nos dá segurança neste mundo. Seus propósitos e valores são imutáveis, oriundos da sua sabedoria absoluta e da sua verdade plena.

Temos uma linha reta e única que nos leva a Ele, sem alterações de mudanças temporais. Suas leis de conduta são atemporais e isso nos dá a certeza das respostas certas de nossos pedidos, se fiel a Ele formos.

Não há mudança em seu Ser, conservando incólumes os seus propósitos, atributos, promessas e ações.

Deus não negocia princípios, a sua vontade é imperativa. Mas nos ensina e capacita a cumpri-los.
É um Pai que ama e educa seus filhos, orientando-os no caminho que devem seguir.

Deus é infinito.
Quão magnífica é a ideia de infinito! De longe foge aos conceitos de nossa mente racional.
Vivemos em um mundo limitado no tempo e no espaço, onde tudo tem começo e fim, enfatizando as nossas vidas.
Mas o nosso Deus é infinito. Sua existência vai além do universo e nada o limita. Não tem princípio, nem fim.
A infinidade de Deus denomina-se eternidade, transcende todas as limitações temporais.
Em relação ao espaço, a infinidade de Deus é chamada de imensidade. Refere-se à sua potencialidade, com a qual transcende todas as limitações espaciais.

*"Antes que os montes nascessem e tu formasses a terra e o mundo, de eternidade a eternidade, tu és Deus." ***(Salmos 90:2)**

Deus é onipotente.
Onipotente significa Todo-Poderoso. Não há nada que ele não possa fazer.

*"Ah! Senhor Deus! És tu que fizeste os céus e a terra com o teu grande poder, e com o teu braço estendido! Nada há que te seja demasiado difícil." ***(Jeremias 32:17)**

Sua capacidade está acima do tudo e do todo. Ele tem poder ilimitado. Sua magnitude está revelada na sua obra.

Deus é onisciente.

> *Disse Jesus: "Para os seres humanos é impossível; contudo, não para Deus, porque para Deus tudo é possível."* **(Marcos 10:27)**

> *"Ó profundidade das riquezas, tanto da sabedoria, como da ciência de Deus! Quão insondáveis são os seus juízos, e quão inescrutáveis os seus caminhos! Pois quem jamais conheceu a mente do Senhor? Ou quem se fez seu conselheiro? Ou quem lhe deu primeiro a ele, para que lhe seja recompensado? Porque dele, e por ele, e para ele, são todas as coisas; glória, pois, a ele eternamente. Amém."* **(Romanos 11:33-36)**

Nada foge à sua visão. Deus vê tudo e conhece todas as coisas de maneira perfeita. Sua sabedoria é total! Sua onisciência faz com que Deus conheça até os nossos pensamentos. Ele penetra no mais recôndito dos nossos seres, vai lá no fundinho dos nossos corações, onde nem nós conseguimos chegar. E quanto maior é a nossa comunhão com Ele, quanto mais perto dele fazemos questão estar, mais teremos o seu cuidado de pai amoroso.

> *"SENHOR, tu me sondas e me conheces. Sabes quando me sento e quando me levanto; de longe conheces os meus pensamentos. Observas o meu andar e o meu deitar e conheces todos os meus caminhos. A palavra ainda nem chegou à minha língua, e tu, SENHOR, já a conheces toda."* **(Salmos 139:1-4)**

Se a Deus entregamos as nossas vidas, chegando a um ponto de total dependência dele, creio que o nosso livre-arbítrio se mistura à sua vontade soberana sobre nós e vivemos como filhos do seu amor. Nossa vontade se satisfaz na vontade dele.

Sinto isso em mim, como a coisa mais linda da minha vida, depois da graça da salvação eterna.

Minha entrega e consagração a Deus não interfere na minha responsabilidade sobre os meus atos, nem me exime das minhas obrigações com o mundo em que vivo.

Deus é onipresente.
Deus está presente em todo lugar e ao mesmo tempo.

> *"Sou eu Deus apenas de perto, diz o SENHOR, e não também Deus de longe? Pode alguém se ocultar em esconderijos, de modo que eu não o veja? diz o SENHOR. Não encho eu os céus e a terra? diz o SENHOR."* **(Jeremias 23:23,24)**

Onipresença significa que o seu Ser preenche todas as partes do espaço com a sua imanência: onipresença, onisciência e onipotência.

> *"Para onde me ausentarei do teu Espírito? Para onde fugirei da tua face? Se subo aos céus, lá estás; se faço a minha cama no mais profundo abismo, lá estás também; se tomo as asas da alvorada e me detenho nos confins dos mares, ainda lá me haverá de guiar a tua mão, e a tua destra me susterá."* **(Salmos 139:7-10)**

Há algo muito importante sobre a onipresença de Deus. Essa onipresença não pode ser confundida com a crença do panteísmo, a qual diz que Deus é tudo e tudo é Deus, levando a confundi-lo com o mundo.

Os panteístas não acreditam num deus pessoal, antropomórfico criador. Vêm-no como um Deus abrangente e imanente, crendo que Deus e o universo são idênticos.

Essa crença aparece nas expressões das pessoas que dizem frases como estas: É preciso 'harmonizar-se' com o Universo.

A verdade, contida no ensino bíblico, é que Deus está presente em toda parte na plenitude do seu ser, com o seu conhecimento, seu poder e sua autoridade, então nada lhe pode ser escondido e escapar do seu controle.

Deus é único.
Existe somente um Ser Divino. E todos os outros seres foram por ele originados. A Bíblia nos ensina que existe um só Deus verdadeiro.

> *"...para que todos os povos da terra saibam que o Senhor é Deus e que não há outro."* ***(I Reis 8:60)***

Deus não é composto, está livre da composição de partes. Nele não há divisão. Isso nos ensina que as três pessoas da Trindade não são partes dele. Todos têm a mesma essência divina. Não há distinção entre a essência e as perfeições de Deus. E sobre isso falaremos posteriormente neste livro.

Com base nos atributos de Deus, vemos que Ele é:

- Autoexistente;
- Independente;
- Imutável;
- Infinito;
- Onipotente;
- Onisciente;
- Onipresente;
- Único.

Apresentamos alguns textos de sua própria palavra: a Bíblia. Deus descrito por Ele mesmo.

> *"Não se glorie o homem sábio em sua sabedoria nem o forte em sua força nem o rico em sua riqueza, mas quem se gloriar,*

> *glorie-se nisto: em compreender-me e conhecer-me, pois Eu sou o Senhor e ajo com lealdade, com justiça e com retidão sobre a terra, pois é dessas coisas que me agrado, declara o Senhor."* **(Jeremias 9:23,24)**

Deus nos leva a compreendê-lo e nos convida a conhecê-lo, ter um relacionamento pessoal com Ele. Certamente, então, se expõe a isso em sua Palavra, que a nós cabe estudar, para melhor conhecê-lo. Nela, Ele nos mostra detalhes de sua personalidade.

> *"O Deus eterno é a tua habitação e, por baixo de ti, estende os braços eternos; ele expulsou o inimigo de diante de ti e disse: destrói-o."* **(Deuteronômio 33:27)**

Ele é a nossa habitação, aquele que nos guarda e nos concede do seu poder para que, em nome de Jesus, destruamos o inimigo e saibamos nos defender do mal.

> *"Não te mandei eu? Sê forte e corajoso; não temas, nem te espantes, porque o SENHOR, teu Deus, é contigo por onde quer que andares."* **(Josué 1:9)**

Ele é o nosso escudo contra o medo. E afirma sua presença constante à nossa disposição. Quem entregou sua vida a Deus não se pode sujeitar às ataduras do medo, da falta de esperança, do descrédito no seu poder, ou realmente não o conhece.

> *"Eis que Deus é a minha salvação; confiarei e não temerei, porque o SENHOR Deus é a minha força e o meu cântico; ele se tornou a minha salvação."* **(Isaías 12:2)**

Ele é a nossa salvação eterna. A certeza de que onde passaremos a eternidade.

> "*Portanto, vós orareis assim: "Pai nosso, que estás nos céus. Santificado seja o teu nome. venha a nós o teu Reino, seja feita a tua vontade, assim na terra como no céu. O pão nosso de cada dia dá-nos hoje. Perdoa as nossas dívidas, assim como perdoamos aos nossos devedores. E não nos deixes cair em tentação, mas livra-nos do mal, porque teu é o Reino, o poder e a glória para sempre. Amém."* **(Mateus 6:9)**

Ele é o nosso Pai. Um Pai perfeito, porque Ele é perfeito. Que coisa fantástica! E quem nos confirmou essa verdade foi Jesus, na única oração que ensinou.

> "*Jesus, porém, fitando neles o olhar, disse: Para os homens é impossível; contudo, não para Deus, porque para Deus tudo é possível.*" **(Marcos 10:27)**

Ele é o Deus do impossível. As suas ações têm o poder da força que move o Universo! Está tão longe da nossa compreensão e tão perto da nossa fé!

> "*Não vos enganeis: de Deus não se zomba; pois aquilo que o homem semear, isso também ceifará.*" **(Gálatas 6:7)**

Ele é o nosso Deus a quem devemos amar e respeitar sobre todas as coisas.

> "*Mas Deus, sendo rico em misericórdia, por causa do grande amor com que nos amou.*" **(Efésios 2:4)**

Ele é bom e misericordioso. Sua misericórdia é oriunda do grande amor que constitui sua notável característica.

> "*Porquanto a graça de Deus se manifestou salvadora a todos os homens.*" **(Tito 2:11)**

Ele é o Senhor da graça, pela qual deu a salvação a todos os homens, basta que esses o busquem e creiam nele.

> *"Perto está o SENHOR de todos os que o buscam, de todos os que o invocam em verdade."* **(Salmos 145:18)**

Deus se importa conosco e quer que o busquemos para conversar, como um amigo disposto a nos ajudar, sempre. Está pronto para ouvir as nossas preocupações, o nosso choro e enxugar as nossas lágrimas, com a sua misericórdia. Não precisamos estar puros, sem pecados para chegarmos a Ele.

Não necessitamos ter cultura teológica, para que nos escute. A sua natureza é o amor, e é através dela que quer nos proteger. Deus lê os nossos corações. E coração todo ser humano tem, o necessário é cuidar do que colocamos nele.

Deus nos conhece e nos usa quando vê em nós vontade de servi-lo. Procura pessoas que tenham a programação de Deus e não a sua própria.

> *"Eis que estou à porta e bato; se alguém ouvir a minha voz e abrir a porta, entrarei em sua casa e cearei com ele, e ele, comigo."* **(Apocalipse 3:20)**

Deus é cavalheiro. Aguarda o nosso convite para fazer parte da nossa vida. Alegra-se quando por Ele nos interessamos e buscamos abrir-lhe a porta do nosso coração, convidando-o a entrar. À medida que o formos conhecendo, iremos criando uma comunhão preciosa com Ele. E se vão abrindo os nossos olhos e ouvidos espirituais.

> *"Ensina-me, SENHOR, o teu caminho, e andarei na tua verdade."* **(Salmos 86:11)**

Deus é a verdade pura. E a sua Palavra leva-nos a ela. Seus ensinamentos são preciosos e embasam a nossa vida, para que trilhemos com retidão o seu caminho. Confiar nele é termos a certeza de que nunca seremos enganados, nem abandonados à nossa própria humanidade. Sob a sua sabedoria e autoridade, estaremos sempre seguros. Quanto mais dependentes formos de Deus, mais firmes caminharemos em direção à vitória.

É intrínseco ao ser humano o desejo de ser feliz, ter paz e prosperidade. E o essencial para isso é deixar-se dominar por Deus, fazendo a nossa parte, dentro dos ditames da sua Palavra.

Ele está esperando a nossa atitude madura diante da vida para poder abençoar-nos. Quer que sejamos convictos de nossas responsabilidades, físicas, morais, emocionais e espirituais e nos ensina a exercê-las, através de sua Palavra.

> *"Visto como, pelo seu divino poder, nos têm sido doadas todas as coisas que conduzem à vida e à piedade, pelo conhecimento completo daquele que nos chamou para a sua própria glória e virtude, pelas quais nos têm sido doadas as suas preciosas e mui grandes promessas, para que por elas vos torneis coparticipantes da natureza divina, livrando-vos da corrupção das paixões que há no mundo, por isso mesmo, vós, reunindo toda a vossa diligência, associai com a vossa fé a virtude; com a virtude, o conhecimento; com o conhecimento, o domínio próprio; com o domínio próprio, a perseverança; com a perseverança, a piedade; com a piedade, a fraternidade; com a fraternidade, o amor."* **(2 Pedro 1:3-7)**

Quanto mais permanecermos na presença de Deus, mais Ele nos acompanha e fica mais próximo de nós. E quando o invocamos, chega mais rápido.

> *"Chegai-vos a Deus, e ele se chegará a vós outros."*
> **(Tiago 4:8)**

Deus é quem dá sentido à nossa vida. Só Ele nos completa. Fomos feitos à sua imagem e semelhança. Nossa essência só se satisfaz nele.

Ele deseja que os seus filhos busquem e experimentem não só a sua presença, mas também a sua comunhão e o seu poder. Encontrem o seu amor e a paz que Ele lhes traz.

Tudo aquilo que você pensa ser o mais belo não pode ser comparado às obras do Senhor. Tudo o que você considera poderoso não pode ser comparado ao seu poder. Assim, simples e incomparável é o nosso Deus, e Ele tem posto tal grandiosidade a favor dos seus filhos. Você tem usufruído disso?

QUEM É O ESPÍRITO SANTO

Para conhecermos e compreendermos o Espírito Santo é necessário sabermos que Ele é Deus. E isso a Bíblia nos ensina. Ele estava presente na criação do mundo.

> *"A terra, porém, estava sem forma e vazia; havia trevas sobre a face do abismo, e o Espírito de Deus pairava por sobre as águas."* **(Gênesis 1:2)**

O Espírito Santo é Deus. Uma pessoa componente da Trindade Divina. E como tal precisa ser adorado, respeitado e amado. Jesus disse:

> *"Ide, portanto, fazei discípulos de todas as nações, batizando-os em nome do Pai, e do Filho, e do Espírito Santo."* **(Mateus 28:19)**

Encontramos na Palavra várias manifestações do Espírito Santo como pessoa.

Ele é o nosso consolador:

> *"Quando, porém, vier o Consolador, que eu (Jesus) enviarei a vocês da parte do Pai, o Espírito da verdade, que dele procede, esse dará testemunho de mim."* **(João 15:26)**

Ele nos consola e cuida de nós, quando estamos tristes:

> *"Bendito seja o Deus e Pai de nosso Senhor Jesus Cristo, o Pai de misericórdias e Deus de toda consolação! É ele que nos consola em toda a nossa tribulação, para que também possamos consolar os que estiverem em alguma tribulação, pela consolação com que nós mesmos somos consolados por Deus."* **(2 Coríntios 1:3,4)**

Ele é o nosso guia:

> *"Porém, quando vier o Espírito da verdade, ele os guiará em toda a verdade!"* **(João 16-13)**

Ele fala:

> *"Quem tem ouvidos, ouça o que o Espírito diz às igrejas: 'Ao vencedor, darei o direito de se alimentar da árvore da vida, que se encontra no paraíso de Deus.'"* **(Apocalipse 2:7)**

Ele ora por nós:

> *"Da mesma maneira, também o Espírito nos ajuda em nossa fraqueza. Porque não sabemos orar como convém, mas o próprio Espírito intercede por nós com gemidos inexprimíveis."* **(Romanos 8:26)**

Ele nos ensina:

> *"Mas o Consolador, o Espírito Santo, a quem o Pai enviará em meu nome, esse vos ensinará todas as coisas e vos fará lembrar de tudo o que eu tenho dito."* **(João 14:26)**

Ele nos dá ordens:

> *"E percorreram a região frígio-gálata, tendo sido impedidos pelo Espírito Santo de pregar a palavra na província da Ásia. Chegando perto de Mísia, tentaram ir para Bitínia, mas o Espírito de Jesus não o permitiu."* **(Atos 16:6,7)**

Ele nos ajuda quando estamos fracos:

> *"Da mesma maneira, também o Espírito nos ajuda em nossa fraqueza".* **(Romanos 8:26)**

Ele é mediador, entre nós e Deus. Completa nossas orações diante do Pai. Intercede por nós. Se somos seus santuários, privilégio daqueles que são filhos de Deus, os que aceitaram Jesus e o reconheceram como seu Salvador, Ele conhece todas as nossas carências e necessidades, até mais do que nós. E intercede por nós com mais intensidade, quanto mais comunhão temos com Ele.

Ele é o nosso defensor contra o mal:

> *"Então temerão o nome do Senhor desde o poente, e a sua glória desde o nascente do sol; vindo o inimigo como uma corrente de águas, o Espírito do Senhor levantará contra ele a sua bandeira."* **(Isaías 59:19)**

Ele escolhe as pessoas para o trabalho de Deus:

> *"Enquanto eles estavam adorando o Senhor e jejuando, o Espírito Santo disse: — Separem-me, agora, Barnabé e Saulo para a obra a que os tenho chamado."* **(Atos, 13:2)**

Isso, porém, não interfere no nosso livre-arbítrio. Somos livres para aceitar ou não a sua escolha. E quanto mais sensíveis a Deus estiverem os nossos espíritos, mais facilmente ouviremos a sua voz e reconheceremos o caminho certo a seguir.

Ele fortalece as igrejas:

> *"Assim, a igreja tinha paz por toda a Judeia, Galileia e Samaria, edificando-se e caminhando no temor do Senhor; e, pelo auxílio do Espírito Santo, crescia em número."* **(Atos 9:31)**

Ele nos dá revelações:

> *"Deus, porém, revelou isso a nós por meio do Espírito. Porque o Espírito sonda todas as coisas, até mesmo as profundezas de Deus."* **(1 Coríntios 2:10)**

Ele fica triste com a nossa tristeza e, em especial, com a nossa desobediência.

Por isso a Palavra diz:

> *"E não entristeçais o Espírito Santo de Deus, no qual fostes selados para o dia da redenção."* **(Efésios 4:30)**

O Espírito Santo vive em nós. Nosso corpo é o seu templo:

> *"Acaso, não sabeis que o vosso corpo é santuário do Espírito Santo, que está em vós, o qual tendes da parte de Deus, e que não sois de vós mesmos?"* **(I Coríntios 6:19)**

Portanto devemos respeitar nosso corpo e não o expor ao pecado que nos afasta de Deus. A ausência do Espírito Santo ocasiona em nós um vazio que temos a sensação de estarmos soltos no espaço.

Ele é chamado também o Espírito de Deus, porque Deus age através dele para converter os pecadores:

> *"Ninguém pode vir a mim se o Pai, que me enviou, não o trouxer; e eu o ressuscitarei no último dia."* **(João 6:44)**

É também o Espírito de Jesus, que veio a este mundo para continuar a obra de Jesus. Ele opera milagres e realiza maravilhas.

> *"Quando, porém, vier o Consolador, que eu enviarei a vocês da parte do Pai, o Espírito da verdade, que dele procede, esse dará testemunho de mim."* **(João 15:26)**

> *"...por força de sinais e prodígios, pelo poder do Espírito Santo. Assim, desde Jerusalém e arredores até o Ilírico, tenho divulgado o evangelho de Cristo."* **(Romanos 15:19)**

Qual a ação do Espírito Santo em nós?

O Espírito Santo atua em nosso coração e através dele para transformar a nossa vida e usar-nos para atuar na obra do Senhor. Só um coração aquebrantado tem possibilidade de receber o Espírito Santo e realmente conhecer a Deus! Ele nos enobrece e é o nosso meio de santificação.

Quando estamos cheios do Espírito Santo, nos elevamos muito acima das circunstâncias e das sensações do mundo, a ponto dos nossos espíritos sentirem-se agredidos ao menor desvio do bem, da verdade e da Palavra.

Nossa sensibilidade espiritual altera-se completamente. E isso é revelado nas palavras que proferimos, nas músicas que cantamos, nas ações que praticamos.

A presença de Deus é tão gloriosa que, ao percebê-la, somos envolvidos por um amor sobrenatural e, geralmente, não podemos conter as lágrimas.

> *"... Porquanto o amor de Deus está derramado em nossos corações pelo Espírito Santo que nos foi dado."* **(Romanos 5: 5)**

Uma das grandes ações do Espírito Santo é convencer o homem do pecado, estimulando-o a amar a Deus. Levar aqueles que estão longe a se aproximarem-se do bem, da verdade e reconhecerem as suas necessidades espirituais.

Se não ensinarmos as pessoas a amar Jesus, não conseguiremos levá-las à salvação. Ninguém nasce conhecendo Jesus, ninguém ama e adora Jesus sem conhecê-lo. Ninguém trilha o caminho da eternidade com Deus, se não souber a quem está seguindo.

O Espírito Santo move os corações em direção a Deus, inclusive os mais duros. Quantas vezes tivemos notícias de grandes pecadores, que se voltaram para Deus e tiveram suas vidas modificadas?!

E ele vai agindo nas pessoas, nas suas consciências, nos seus corações, provocando mudanças em seus íntimos, levando-os à busca de Deus. Até que essas pessoas começam a sentir o efeito das melhoras em suas vidas. E realmente conhecem a felicidade em sua dimensão maior.

Ele é a presença divina que nos leva às lágrimas, quando nos deparamos com o sobrenatural de Deus.

É o nosso protetor, o guardião que nos defende contra os ataques de Satanás.

É o nosso mestre dadivoso que nos ensina a perdoar.

É quem dá autoridade aos tímidos para servirem a Deus e os capacita.

É quem coloca no nosso coração o amor pelas vidas e a vontade de levá-las a Jesus. Ele é o mediador entre Deus e nós.

Somente o Espírito Santo pode nos trazer a paz que excede todo o entendimento.

Também nos ajuda a ouvir a voz de Deus. Ninguém está preparado para ouvir a voz de Jesus. Quando João a ouviu, caiu como morto. (Apocalipse 1:17)

*"Saulo, Saulo, por que me persegues..." **(Atos 9:4)***

Paulo caiu e levantou-se outro homem. Ele era um homicida, perseguidor de cristãos, não conhecia Deus, mas a presença do Senhor o transformou.

O Espírito Santo é a voz de Deus que ouvimos, o poder sobrenatural que sentimos. É o Espírito da verdade que procede de Deus.

Estarmos com o Espírito Santo é usufruirmos da verdadeira vida para a qual fomos criados por Deus; ficarmos sem ele é vivermos no vazio existencial, no qual perdemos a consciência de nós mesmos.

Quem não tem o Espírito Santo jamais conhecerá a plenitude da presença do Senhor, mas viverá limitado à sua humanidade.

> *"Quem semeia para a sua própria carne, da carne colherá corrupção; mas quem semeia para o Espírito, do Espírito colherá vida eterna."* **(Gálatas 6:8)**

O que fazer para ter o Espírito Santo?

Buscá-lo, com humildade e amor, afastando-se do pecado e purificando-se pelo perdão.

Realmente o Espírito Santo se move em nós, mas é preciso que para isso lhe preparemos um espaço interior rico em santidade, onde ele possa plantar seus frutos e nós tenhamos a sabedoria de deixá-los reproduzirem-se.

Para ter a presença constante do Espírito Santo em nós, é preciso amar a Deus, orar, conhecer e obedecer a Palavra. Quanto maior é a nossa comunhão com Jesus, mais prontamente o Espírito Santo age e se manifesta a nós.

Para nossa comunhão com o Espírito Santo é preciso que com Ele convivamos. Tenhamos uma relação de fé, confiança, amor e a segurança de sabê-lo em nós.

> *"A graça do Senhor Jesus Cristo, e o amor de Deus, e a comunhão do Espírito Santo sejam convosco."* **(2 Coríntios 13:13)**

Este versículo bíblico nos mostra a importância das três pessoas divinas.

Pela graça de Jesus recebemos o direito à salvação eterna. Pelo amor de Deus desfrutamos de sua misericórdia. Pela comunhão com o Espírito Santo conhecemos o sobrenatural de Deus.

Sabemos que estamos neste mundo de passagem. Que o nosso tempo aqui deve ser aproveitado da melhor forma possível, pois no final iremos para onde as oportunidades que nos são dadas aqui não existirão mais.

É preciso que saibamos escolher o caminho certo e que não nos deixemos levar pela falsidade que poderá nos jogar no precipício eterno.

Quem melhor do que Espírito Santo poderá nos orientar nessa jornada? E como ter a sua companhia para elucidar o nosso discernimento? Através de uma doce comunhão com ele.

O maior alcance do seu poder é quando nos rendemos totalmente. Então, ele toma a nossa língua, fala por nós, age por nós e nos habituamos a ser meros espectadores do que ele realiza por nosso intermédio.

Nosso pedido ao Espírito Santo deve ser que Ele nos conceda a dádiva de falar conosco e a bênção de ouvirmos a sua voz.

Ele não quer vasos de ouro, nem de prata, mas vasos rendidos ao Senhor.

Nosso papel aqui deve ser de reação e não de concordância com as maldades deste mundo. Refletirmos a luz divina sobre as trevas e assim ganharmos vidas para Jesus.

David Yonggi Cho, ministro evangélico coreano, tinha uma igreja de 3000 membros e por seu próprio esforço, queria aumentar o número de membros. Construiu, então, um templo maior. E entristecia-se ao ver que o seu projeto não estava se concretizando. Deus falou com ele e disse-lhe que sua igreja só cresceria, se ele buscasse um melhor conhecimento do Espírito Santo, reconhecendo-o como pessoa, buscando a sua presença, respeitando-o como Deus e desenvolvendo comunhão com Ele. O ministro obedeceu e então sua igreja foi a um milhão de pessoas.

> *"Em verdade lhes digo que tudo será perdoado aos filhos dos homens: os pecados e as blasfêmias que proferirem. Mas aquele que blasfemar contra o Espírito Santo nunca terá perdão, visto que é réu de pecado eterno."* **(Marcos 3: 28,29)**

No Antigo Testamento, os profetas podiam ir ao Pai, através do Espírito Santo. Este não estava à disposição de todos os homens, somente dos profetas, escolhidos por Deus.

No Novo Testamento, os discípulos podiam falar com o Filho. E, após a morte de Jesus, o Espírito Santo veio e está à disposição de todos quantos o chamarem e crerem em Jesus Cristo. Hoje contamos com o privilégio da sua companhia, como nosso amigo, discipulador, companheiro e intercessor de nossas orações, junto ao Pai.

> *"E, cumprindo-se o dia de Pentecostes, estavam todos reunidos no mesmo lugar; de repente veio do céu um som, como de um vento veemente e impetuoso, e encheu toda a casa em que estavam assentados. E foram vistas por eles línguas repartidas, como que de fogo, as quais pousaram sobre cada um deles. E todos foram cheios do Espírito Santo..."* **(Atos 2:1-4)**

O Espírito Santo veio como um vento poderoso e línguas de fogo, demonstrando a triunfal presença do poder de Deus. Do mesmo modo que encheu os discípulos naquela ocasião, continua enchendo aqueles que o buscam com fervor.

Deus Pai e Jesus Cristo demonstram seu poder e amor, através do Espírito Santo. Ele dá grande autoridade aos que o recebem, preparando-os para a execução da obra de Jesus, aqui na Terra.

> *"...Mas recebereis poder, ao descer sobre vós o Espírito Santo..."* **(Atos, 1:8)**

Jesus começou seu ministério aos trinta anos, aqui na Terra. E recebeu o Espírito Santo, quando se batizou nas águas. Só depois disso, realizou milagres.

> *"E aconteceu que, ao ser todo o povo batizado, também o foi Jesus; e estando ele a orar, o céu se abriu;*
> *e o Espírito Santo desceu sobre ele em forma corpórea, como pomba; e ouviu-se uma voz do céu, que dizia: Tu és o meu Filho amado, em ti me comprazo."* **(Lucas, 3:21-22)**

O Espírito Santo foi o canal de contato entre Deus Pai e Jesus na Terra.

> *"O Espírito do Senhor está sobre mim, pois que me ungiu para evangelizar os pobres; enviou-me para proclamar libertação aos cativos, e restauração da vista aos cegos; para pôr em liberdade os oprimidos, e anunciar o ano aceitável do Senhor."* **(Lucas, 4:18,19)**

A vinda do Espírito Santo, após a ressurreição de Jesus, trouxe-nos o poder de Deus para que continuemos a obra da salvação, neste mundo.

> *"Também o Espírito, semelhantemente, nos assiste em nossa fraqueza; porque não sabemos orar como convém, mas o mesmo Espírito intercede por nós sobremaneira, com gemidos inexprimíveis."* **(Romanos 8:26)**

O Espírito Santo tem vontade própria, mas Ele toma suas decisões em harmonia com o Pai e o Filho.

Conforme o Espírito Santo vai trabalhando em nós, podando-nos como a árvore que precisa da renovação da seiva para produzir seus frutos, mais semelhantes ficamos a Jesus e melhor refletimos a sua glória.

> *"E todos nós, com o rosto descoberto, refletindo, como um espelho, a glória do Senhor, somos transformados, de glória em glória, na sua própria imagem, como pelo Espírito do Senhor."* **(II Coríntios 3:18)**

Unção – Presença do Espírito Santo manifesta em nós

A unção é o poder do Espírito Santo, em nós, dada com a finalidade de elevar-nos a Deus. É a presença divina em manifestação. Traz a paixão espiritual e esta ilumina, fortalece e sensibiliza o nosso espírito.

Quando ela nos envolve, usufruímos de uma doce comunhão com o Espírito Santo. E o poder espiritual toma conta das nossas vidas, refletindo-se na nossa mente e exteriorizando-se no nosso físico. Haverá total ausência de medo.

Ao sentirmos a presença de Deus, o seu *shekinah*, é comum chorarmos, pois é algo tão grandioso que as nossas emoções são ativadas em sua mais alta potência.

Quanto maior comunhão tivermos com o Espírito Santo, ao pronunciarmos o nome de Jesus, a unção virá e nos encherá.

Ouso definir unção como o êxtase causado pela presença e proximidade de Deus que, tomando conta do nosso espírito, nos tira completamente deste mundo e nos eleva à dimensão divina do absoluto que nos rege.

É o momento em que as situações e circunstâncias que nos rodeiam perdem o significado, porque desaparecem no nível a que nos elevamos. Às vezes caímos, quando nossas pernas não conseguem se manter erguidas diante do impacto da presença de Deus.

Em momentos como esses, perdemos o sentido da vida terrestre, independente do que aqui somos e das circunstâncias em que vivemos.

A unção nos tira da Terra e nos leva a um lugar não identificado. Creio que bem próximo de Deus, pois sentimos a sua presença em nós.

É algo que não criamos e nem dominamos, porque é graça vinda diretamente do Senhor. É o amor no seu grau mais elevado, atingindo o nosso espírito.

Quem experimentou a unção em sua vida nunca mais poderá viver sem a possibilidade de ser atingido por ela. Seria como saber que Deus existe e não poder chegar a Ele.

Quem pode receber essa graça? Os que creem em Jesus e o reconhecem como seu único e total Salvador.

Todos aqueles que se aquebrantarem totalmente diante do Senhor e fizer a ele uma entrega completa. E por ser uma graça de grande importância e dimensão, só pode ser adquirida por uma vida santificada, através da obediência à Palavra e o amor a Jesus.

Jesus era homem, quando esteve aqui na Terra. Não usou de sua divindade pois seu objetivo foi sofrer como homem e nos dar a graça da salvação. Ele não fazia milagres, curas e maravilhas, sem o Espírito Santo, como já falamos. Este era o canal de contato entre o Pai e Jesus.

> *"Vós conheceis a palavra que se divulgou por toda a Judeia, tendo começado desde a Galileia, depois do batismo que João pregou, como Deus ungiu a Jesus de Nazaré com o Espírito Santo e com poder, o qual andou por toda parte, fazendo o bem e curando todos os oprimidos do diabo, porque Deus era com Ele."* **(Atos 10:37,38)**

Quando estamos com a unção, ela nos eleva a Deus de tal modo que não conseguimos fazer nada que não esteja no seu nível divino. Não podemos entristecê-lo, o nosso espírito não permitirá.

Há uma renovação completa em nós, quando Deus nos enche dele, da sua presença.

A unção destrói o domínio do diabo.

Para melhor elucidar, conto uma experiência notável que tive ao pregar num clube, para um número grande de mulheres. Caminhava entre as mesas, até que coloquei a mão na cabeça de uma senhora e ali fiquei, pregando, falando de Deus, por um bom tempo.

Ao terminar o período da oração final, fui inquirida por uma das organizadoras do evento, se eu sabia quem era aquela senhora, e respondi que não. Ao que ela me disse ser a dona do maior terreiro de umbanda da cidade e ter ficado muito comovida, quando foi pedir oração. Não falei nada diretamente para ela, mas Deus agiu com a sua unção.

A unção só vem sobre nós através de um encontro pessoal com o Espírito Santo. E cresce com a comunhão com ele.

Quanto mais permanecemos na presença de Deus em adoração e comunhão, mais essa presença nos acompanha, ficando próxima e real. E chega mais rápido a nós, dando maior sentido à nossa vida, ao ponto de falarmos com Ele a qualquer hora e lugar. Recebemos revelações e intercedemos por pessoas que nem conhecemos.

> *"Chegai-vos a Deus e ele se chegará a vós..."* **(Tiago 4:8)**

Deus quer que os seus filhos conheçam e experimentem não só a sua presença, mas também a comunhão com Ele e o seu poder. Sintam os seus corações repletos do seu amor e da sua paz.

A unção que recebemos através do Espírito Santo nos leva ao entendimento da Palavra. Sem a presença Dele em nós, certamente não entenderemos os ensinamentos expostos na Bíblia.

> *"Nem olhos viram, nem ouvidos ouviram, nem jamais penetrou em coração humano o que Deus tem preparado para aqueles que o amam. Mas Deus no-lo revelou pelo Espírito; porque o Espírito a todas as coisas perscruta, até mesmo as profundezas de Deus. Porque qual dos homens sabe as coisas do homem, senão o seu próprio espírito, que nele está? Assim, também as coisas de Deus, ninguém as conhece, sendo o Espírito de Deus."* **(I Coríntios 2:9-11)**

Ao ler a Bíblia, sempre peço ao Espírito Santo que fale comigo através dela. Ninguém melhor do que o autor para traduzir a sua obra.

A IMPORTÂNCIA DO
ESPÍRITO SANTO NAS NOSSAS VIDAS

Vivemos em um mundo cada vez mais atribulado e confuso. Muitas vezes nos debatemos em um emaranhado de perdas e desencontros, conosco, com os outros a quem buscamos e com o verdadeiro sentido da vida, perdido na agitação de nossos cotidianos.

Então, tateando às cegas, perdemos o rumo e nos deixamos levar pelas dores e dificuldades, geralmente aumentadas pelas nossas emoções enfraquecidas. Situações, as quais poderíamos resolver com facilidade, terminam virando monstros, alimentados por nossa falta de fé, em Deus, em nós, na vida.

E vamos nos tornando marionetes, à mercê do comando de doenças, no corpo e na alma. Só enxergamos até a proximidade do que nos faz mal, descrendo, cada vez mais, no bem, onde nossa visão não consegue chegar.

Nesse momento, paramos, ou somos parados pela falta de forças de um corpo debilitado. Então reconhecemos a nossa pequenez e buscamos o auxílio de Deus.

Vimos que é preciso orar, reconhecer a presença do Espírito Santo e pedir-lhe perdão pela nossa cegueira espiritual e pelos nossos pecados.

Então, o Espírito Santo, movido pelo amor e misericórdia do Pai, aproxima-se dos nossos corações e, docemente, vai nos consolando. Ele está sempre solícito a responder ao nosso chamado.

Assim, a luz se faz e a nossa visão é restaurada, possibilitando-nos ver a direção traçada por Deus. Importantíssima é a presença do Espírito Santo em nós. Ele quer vivificar a nossa consciência para o crescimento da força de vontade e a determinação de verdadeiros homens e mulheres de Deus.

O Espírito Santo quer que você olhe para além de suas limitações, levante a cabeça e ande na autoridade do nome de Jesus. E pense sempre: eu sou filho(a) do Deus Altíssimo, por isso tenho valor.

O OBJETIVO DO ESPÍRITO SANTO EM NÓS

Ele quer nos abençoar física, emocional, espiritual e financeiramente. Quer nos aperfeiçoar para o cumprimento do Ide de Jesus.

> *"Ide por todo o mundo e pregai o evangelho a toda criatura. Quem crer e for batizado será salvo; quem, porém, não crer será condenado. Estes sinais acompanharão aqueles que creem: em meu nome, expulsarão demônios; falarão novas línguas; pegarão em serpentes; e, se beberem alguma coisa mortífera, não lhes fará mal; se impuserem as mãos sobre enfermos, eles ficarão curados."* **(Marcos, 16:15-18)**

Conduzir-nos aos necessitados, para oferecer-lhes as promessas de Jesus, curar enfermos, expulsar demônios, alimentar famintos, libertar as pessoas. Sermos luz aos que estão em trevas.

Quer nos ensinar que a vida cristã é muito mais do que saber a teoria da Palavra, mas que é vivê-la, moldando nela as nossas vidas. Que ela inclui caráter íntegro e boa conduta. Nos faz pessoas melhores, pois alicerçadas na verdade, teremos mais segurança de caminharmos firmes nesta vida e sermos úteis a quem de nós precisar.

É fantástico pensarmos que todo o ministério de Jesus Cristo se caracterizou pelo poder. E que agora esse mesmo poder está disponível aos que o adoram e creem nele. Jesus quer nos usar para dar continuidade à sua obra neste mundo. Deus não divide a sua glória com ninguém, mas dá do seu poder àqueles que o servem. E esse poder chega a nós através do Espírito Santo, que liga o céu com o nosso espírito.

Então ouvimos a voz de Deus, cuja presença e poder nos conduzem à unção do Espírito Santo. E aí são manifestas as curas, milagres, maravilhas.

A pessoa usada por Deus tem que ser semelhante a Jesus e deixar o seu amor fluir no seu interior, através do Espírito Santo. Precisa ser uma carta viva de Jesus Cristo. Fazer a diferença, saber sorrir, manifestar amor e ter a segurança da fé. Saber que no abraço a gente encosta o nosso coração no do outro e, se estiver cheio do amor de Jesus, atrairá o seu próximo para o Senhor.

Se quisermos realmente amar e servir a Deus, precisamos ter um olhar vertical e fixar-nos nele. Pois se o nosso olhar for horizontal, podemos ver os homens e deter-nos nas suas imperfeições humanas. E, então, deixar-nos levar pelo que não pode perturbar a nossa caminhada para a eternidade.

O Espírito Santo nos ensina que o cristão deve ter ousadia, convicção do poder de Jesus em si, e não recuar diante das situações que exigem a sua manifestação espiritual. Quando o reino de Deus chega, o demônio tem que ir embora.

É preciso ser mais valente do que o diabo, para não o deixar vencer. O diabo sabe que nós sabemos que em nós está o poder de Deus. O diabo sabe que nós sabemos que somos mais do que vencedores, em Cristo Jesus.

O Espírito Santo quer comprometimento. Deus nos deu uma vida nova, agora somos responsáveis por vivê-la e cultivá-la, dando bons frutos. Tornarmo-nos aquilo que com ele nos comprometemos. Um dia daremos conta de tudo o que ele nos deu.

Ele busca homens e mulheres que preguem cheios de sua unção. É muito fácil pregar, oprimindo as pessoas com o legalismo, mas o importante é levar o amor de Jesus aos corações, renovar a esperança, aumentar a fé.

David Iong Cho dizia que, quando não pregava um sermão com o Espírito Santo, fruto de oração, ia ao púlpito e esmagava os ouvintes contra o solo, humilhando-os. Pessoas necessitadas saíam piores ainda. Mas, ao preparar-se em oração, conseguia compreender compassivamente os problemas das pessoas e assim pregar as boas novas a um povo em necessidade.

O Espírito Santo ainda tem como característica a paz. A sua presença coloca em nós uma paz inefável, que nos eleva ao sobrenatural de Deus. Muito diferente da paz que o mundo conhece, a qual é condicionada às situações e circunstâncias humanas nos influenciam e que, se não vigiarmos, terminarão por nos afastar do caminho de Deus.

> *"E a paz de Deus, que excede todo o entendimento, guardará o vosso coração e a vossa mente em Cristo Jesus."*
> **(Filipenses 4:7)**

Realmente a paz que vem do Espírito Santo excede todo o entendimento, faz com que, mesmo passando pelas situações mais difíceis, tenhamos uma tranquilidade humanamente inexplicável. Vivifica em nós a presença de Deus, do seu amor infinito e poder absoluto, cuidando de nossas vidas e apto para resolver os nossos problemas.

E ao orarmos, nos surpreendemos com uma paz inexplicável em nossa mente e emoções. Reconhecemos, pelo agir do Espírito Santo, que Deus está conosco, tomando a melhor decisão, pois Ele é o Pai que conhece seus filhos e sabe preencher suas carências e necessidades.

E a resposta vem, das mais diversas maneiras, solucionando o problema que tanto nos preocupou.

Também a alegria que enche os nossos corações, sem motivos aparentes, é oriunda do Espírito Santo. Ele quer que sejamos felizes, ainda neste mundo. Que a luz de Jesus se reflita em nós, para que possamos ser portadores das suas boas novas, da salvação, da fé, da esperança e do amor.

Um rosto sorridente, uma expressão de carinho, são, muitas vezes, como uma gota de água em terra árida, que renova a vida. Produzem flores nos corações carentes.

QUEM É JESUS

Biografia de Jesus na Terra

Na história da criação temos evidências da intenção divina, para com o homem. Mas para uma melhor compreensão dessa verdade, precisamos estudar Jesus e sua manifestação, enquanto neste mundo.

Jesus Cristo de Nazaré, filho do carpinteiro José, da linhagem de Davi, e de uma virgem, chamada Maria, nasceu na cidade de Belém, na Palestina.

O anjo Gabriel foi enviado por Deus para falar com Maria.

> *"E, aproximando-se dela, o anjo disse:*
> *Salve, agraciada! O Senhor está com você.*
> *Ela, porém, ao ouvir esta palavra, perturbou-se muito e pôs-se a pensar no que poderia significar esta saudação.*
> *Mas o anjo lhe disse:*
> *Não tenhas medo, Maria; porque foste abençoada por Deus.*
> *Ficarás grávida e darás à luz um filho, a quem chamarás pelo nome de Jesus. Este será grande e será chamado Filho do Altíssimo.*
> *Então Maria disse ao anjo:*
> *Como será isto, se eu nunca conheci varão?*
> *O anjo respondeu:*

> *O Espírito Santo virá sobre ti, e o poder do Altíssimo te envolverá com a sua sombra; por isso, também o ente santo que há de nascer será chamado Filho de Deus. Porque para Deus não há nada impossível.*
> *Então Maria disse:*
> *Eis aqui a serva do Senhor; que se faça comigo conforme a sua palavra.*
> *Então o anjo foi embora."* **(Lucas, 1:28,29,30,31,34,35,38)**

José e Maria estavam noivos. Segundo a tradição judaica, era um ano de noivado. O noivo não podia ter contato com a noiva. Só podia vê-la de longe.

Então surgiu uma dificuldade na gravidez de Maria. Como explicar a José que estava grávida? Ela, porém, contou a ele tudo que havia acontecido.

Quando José soube, realmente viveu momentos muito difíceis. Maria poderia ser apedrejada, segundo as leis vigentes naquela época. E ele não queria isso.

Durante a noite, um anjo apareceu a José e contou-lhe, em sonho, que o filho tinha sido concebido pelo Espírito Santo. Seria um menino e se chamaria Jesus. Que ele não tivesse medo e recebesse Maria como esposa. O que ele fez.

Conforme o evangelho de Lucas, Jesus nasceu em Belém. Na época, o imperador César Augusto obrigou seus súditos a se registrarem no primeiro censo do Império. Todos deveriam retornar à cidade de origem para se alistar.

José era de Belém, então voltou para sua cidade, levando Maria já grávida. E lá Jesus nasceu. Em uma manjedoura, pois não havia hospedagem na cidade.

Jesus foi levado pela família para o Egito, a fim de escapar de uma sentença de morte anunciada por Herodes. Este, ao saber do nascimento do Filho de Deus, manda matar todas as crianças de até dois anos de idade, nascidas em Belém.

José e Maria vão morar em Nazaré, na Galileia, onde Jesus foi criado.

Jesus passa a infância e a juventude em Nazaré, na Galileia. Aos 12 anos Ele viajou com os pais, de Nazaré para Jerusalém, a fim de celebrar o Pessach, a Páscoa Judaica.

Já estando no caminho de volta para Nazaré, José e Maria viram que Jesus não estava com eles. Procuraram o menino durante três dias e decidiram voltar ao Templo de Jerusalém, local sagrado para os judeus, onde encontraram Jesus no meio dos doutores, ouvindo-os e interrogando-os.

> *"E todos os que ouviam o menino se admiravam muito da sua inteligência e das suas respostas. Logo que os pais o viram, ficaram maravilhados."* **(Lucas 2: 47,48)**

Essa é a única notícia que a Bíblia relata sobre Jesus, antes dos seus trinta anos.

Jesus, já adulto, por volta dos trinta anos, vai ao rio Jordão e pede para João Batista batizá-lo. Então o Espírito Santo vem sobre Ele. Depois começa o seu ministério.

Jesus foi com seus discípulos ao Templo de Jerusalém, para celebrar a Páscoa. Ao entrar foi aclamado como filho de Deus.

Ele celebrava a Páscoa com seus apóstolos, "A Última Ceia", quando anunciou que seria traído por Judas Iscariotes, um dos seus doze apóstolos.

Na mesma noite, Jesus segue para o Jardim de Getsêmani, na encosta do Monte das Oliveiras, para orar. Foram com ele Pedro, Tiago e João. Judas Iscariotes aparece, em companhia de soldados, e o beija na testa, consumando sua traição. Vende-o por trinta moedas de prata. Jesus foi preso.

Os soldados o levaram ao encontro de Caifás. Jesus foi acusado de pregar contra os governantes, e quando confirmado que era o Filho de Deus e rei dos Judeus, o povo o acusou de blasfêmia.

Foi, então, levado à presença de Pôncio Pilatos, governador da Judeia, por ser da Galileia e depois a Herodes, que governava a Galileia. Herodes tratou-o com desprezo e devolveu-o a Pilatos. Levado para a morte, carrega sua cruz, é crucificado, morto e colocado em um túmulo numa rocha, fechado com uma grande pedra.

Maria Madalena, Joana e Maria, mãe de Tiago, visitam o túmulo, e encontram a pedra aberta e o sepulcro vazio. Depois, Jesus apareceu à Maria Madalena e confirmou sua ressurreição.

Marcos e Lucas dizem que depois de ter se encontrado com seus discípulos, Jesus sobe aos céus e se assenta à direita de Deus.

"Aconteceu que enquanto os abençoava, ia-se retirando deles, sendo elevado para o céu." **(Lucas 24,51)**

As principais fontes de informação sobre a vida de Jesus estão nos quatro Evangelhos Canônicos, pertencentes ao Novo Testamento. Escritos originalmente em grego, ou judaico-grego, língua falada por judeus da época. Os textos continham muitas palavras hebraicas, assim como frases e estruturas gramaticais.

Foram escritos em diferentes épocas, por seus discípulos Mateus, Marcos, Lucas e João, que relatam todo o ministério de Jesus na Terra.

JESUS E SEU MINISTÉRIO

Se fizermos uma análise do ministério de Jesus na Terra, por mais completa que seja, chegaremos sempre à conclusão de que o seu principal objetivo foi devolver ao ser humano o direito à salvação eterna, perdida no Éden.

Pela sua origem primeira, o homem tem em si um profundo anseio pela vida eterna. Não aceita a morte, sua natureza não conhece essa circunstância, não foi criado para morrer. O homem foi feito à imagem e semelhança de Deus, o Criador. E seu designo era viver eternamente. Porém, pelo seu ato de desobediência, no Éden, entraram no mundo o pecado e a morte.

Desde então, o homem está tentando reencontrar a vida eterna. Uma das inseguranças que o atormentam é o medo do desconhecido. Imagine-se, então o que será a morte para os que não creem em Deus? Que a temem, porque desconhecem o que virá depois dela.

Mas Deus nos deu a maior prova de seu amor, ao mandar ao mundo o seu único filho, Jesus Cristo, para aqui viver, sofrer todas as agruras de um ser humano, a fim de ensinar-nos o perdão e devolver-nos o direito à vida eterna.

> *"Porque Deus amou o mundo de tal maneira que deu o seu Filho unigênito, para que todo aquele nele crê não pereça, mas tenha a vida eterna."* **(João 3:16)**

Jesus começa o seu ministério, orando e jejuando quarenta dias no deserto. Era seu primeiro ensino aos homens, humildade, perseverança e fé.
O perdão foi comprado por Jesus e o preço foi muito alto. Ele veio à Terra, aqui viveu uma vida perfeita espiritualmente, foi o único homem que esteve neste planeta, puro e sem pecados. Convidou todos os seres humanos para seguir o caminho da eternidade com Ele.

> *"Eis que estou à porta e bato, se alguém ouvir a minha voz e abrir a porta, entrarei em sua casa e cearei com ele, e ele, comigo. Ao vencedor, dar-lhe-ei sentar-se comigo no meu trono, assim como eu venci e me sentei com meu Pai no seu trono."* **(Apocalipse 3:20,21)**

Nesses versículos, Jesus está pedindo que o recebamos em nossas vidas, porque ele quer nos salvar. Mas que não irá fazê-lo contra a nossa vontade, pois respeita o nosso livre-arbítrio. Portanto, nós temos uma escolha: abrir a porta dos nossos corações e convidar Jesus para entrar, ou rejeitá-lo em nossas vidas.

É grande o perigo de recusar ao chamado do Senhor. Quando ouvimos a Palavra de Deus, mas não queremos aceitá-la, porque não acreditamos na Bíblia, ou então por medo de mudar o rumo de nossas vidas e perder as regalias mundanas, apostamos na incredulidade e essa nos leva à perda da salvação.

Mesmo sendo cristãos, devemos cuidar para não cairmos no erro de rejeitar a Palavra, em certas áreas de nossas vidas. Se assim o fizermos, estaremos impedindo Jesus de transformar essa área e teremos nossa vida espiritual enfraquecida, o que nos impede de crescer espiritualmente.

Devemos atentar à promessa especial do Senhor, para os que a Ele abrem a porta: conhecimento e comunhão com Deus. Quando obedecemos ao seu chamado, Ele vem morar nos nossos corações, então passamos a conhecê-lo pessoalmente. Jesus disse:

> *"Se alguém me ama, guardará a minha palavra; e meu Pai o amará, viremos para ele e faremos nele morada."* **(João 14: 23)**

Cear com Jesus significa comunhão e intimidade. E dar-lhe o direito de transformar a nossa vida e nos levar à eternidade com Ele.

Quanto mais vivo, maior valor vejo na fantástica obra de Jesus neste mundo. Ele é Deus, tanto quanto o Pai e o Espírito Santo. Os três têm a mesma natureza divina. No entanto, esvaziou-se de suas prerrogativas celestiais, tomando a forma de homem, assumindo as características humanas, humilhou-se até o mais vexatório ato de degradação e foi obediente até a morte na cruz.

Saiu de uma vida sobrenatural, da mais perfeita harmonia de paz, da luz mais radiante e verdadeira, do amor que designa Deus, para um mundo envolto nas trevas do ódio, da violência, do descalabro da ignorância do bem, onde prevalecia o "olho por olho", "dente por dente".

Que monumental visão o guiava para que não esmorecesse na sua jornada!!! Qual seria o potencial do seu amor pela humanidade?! Como não misturar emoção e espiritualidade, quando se fala em Jesus?!!! O que fazer com as lágrimas que quase me impedem de escrever ou falar sobre Ele?!!! Mandá-las de volta ao coração ou submetê-las ao controle da razão?!!!

Como pode alguém formar ideias, elaborar conceitos, defender opiniões, as mais absurdas, sobre como recebemos o perdão divino, a eternidade com Deus, a salvação eterna, sem Jesus?! Ignorar o seu sacrifício vicário neste mundo, a morte na cruz e a ressurreição, e querer usufruir do que Ele conquistou para nós?!!!

Ao morrer, Jesus não reclama, não exige direitos, não pede justiça. Jesus foi tratado como nós merecíamos, para que pudéssemos ser tratados como Ele merece.

Jesus nunca escreveu um livro, nunca usou um aparelho reprodutor de som, nunca teve um templo seu, não criou nenhum estabelecimento de ensino. Somente aos seus discípulos, pobres e humildes pecadores, entregou os seus ensinamentos. No entanto, o que ele ensinou permanece há mais de dois mil anos. Suas palavras foram traduzidas em quase todos os idiomas do mundo. E seu poder reconhecido por nações inteiras.

Durante todo o seu ministério na Terra, Jesus ensinou ao homem o que fazer e como fazer para merecer a salvação eterna. E, até hoje, através de sua Palavra, continua ensinando a toda humanidade o seu caminho: a eternidade com Deus.

> *"Respondeu-lhes Jesus: Eu sou o caminho, a verdade e a vida; ninguém vem ao Pai senão por mim."* **(João 14:6)**

No entanto, é triste verificar que ainda hoje encontre tanta ou mais resistência do que encontrou em tempos remotos, na sua estada aqui neste planeta, onde veio pregar o amor.

Mas, o que a mim parece estranho, devido à minha pequenez, a Jesus é natural, já que conhece o ser humano desde a sua criação.

E ele é tão bom, tão grandioso, que deu a sua vida por toda a humanidade. Não importa quem sejamos, nem o que tenhamos feito, o convite dele é extensivo a todos. Basta que nos arrependamos de nossos pecados e o reconheçamos como nosso único Salvador.

Jesus nos deixou o legado do Seu Nome, onde o Pai concentrou o poder da sua obra salvífica, e disse:

> *"Em verdade, em verdade vos digo: se pedirdes alguma coisa ao Pai, ele vo-la concederá em meu nome."* **(João 16:23)**

JESUS E A SALVAÇÃO

O mundo estava vivendo uma época de total perdição. A humanidade, cega, rumava cada vez mais em direção ao abismo. Os desvalores eram a sua regra. A vida valia menos do que qualquer ínfimo interesse ou discórdia. Não havia mais solução para este mundo desgovernado.

Algo deveria ser feito para impedir a humanidade de uma queda total no abismo.

E como Jesus usava parábolas nas suas pregações, nada melhor do que seguir o exemplo do Mestre, para elucidar a sua Palavra.

Parábola da salvação eterna

À vista disso, Deus fez uma reunião no céu, entre as três pessoas da Trindade: O Pai, o Filho e o Espírito Santo. Então disse: Precisamos resolver a situação da humanidade, caso contrário, a vida humana na Terra vai perecer.

Mandei profetas para regenerá-los e, um a um, os homens mataram todos. Recusaram todos os sinais por mim enviados, e continuaram em constante desobediência à Lei que entreguei a Moisés. Então tomei a seguinte decisão:

Não aceito mais sacrifício de animal, nem clamor feito por seres humanos depravados. Quero um homem limpo, sem pecados, que aceite doar sua vida para a salvação da humanidade.

Os três voltaram seus olhos para a Terra e não encontraram nenhuma pessoa com os requisitos necessários.

Então Jesus disse: "Eu vou e me ofereço em prol da salvação da humanidade". Olhou para o Espírito Santo e perguntou-lhe: "tu vais comigo?". Deus Pai, porém, respondeu que não. Jesus teria que vir como homem, sofrer todas as dores humanas, até a hora da sua morte. E levar todos os pecados dos homens sobre si. O Espírito Santo só viria no momento oportuno.

Jesus aceitou e veio. Sofreu todas as agruras possíveis. Chorou, inclusive lágrimas de sangue. E até a cruz ele sofreu como homem.

Base bíblica:
Sua humanidade está provada quando, de joelhos, orava no Getsêmani, dizendo:

> *"Pai, se queres, afasta de mim esse cálice: todavia não se faça a minha vontade, mas a tua."* **(Lucas 22:42)**

No momento em que Jesus expirou, Deus entregou-lhe a Salvação da Humanidade.

> *"Porque, se nós, quando inimigos, fomos reconciliados com Deus mediante a morte do seu Filho, muito mais, estando já reconciliados, seremos salvos pela sua vida."* **(Romanos 5:10)**

> *"Porque o Filho do Homem veio buscar e salvar o perdido."* **(Lucas 19:10)**

> *"Pai, nas tuas mãos entrego o meu Espírito."* **(Lucas 23:46)**

João foi o único apóstolo que assistiu à morte de Jesus. Ele relata na Bíblia que as últimas palavras proferidas por Jesus, antes de morrer, foram:

> *"Está consumado!"* **(João 19:30)**

> *"Então lhe apareceu um anjo do céu que o confortava. E, estando em agonia, orava mais intensamente. E aconteceu que o suor dele se tornou como gotas de sangue caindo sobre a terra."* **(Lucas 22:43,44)**

> *(Lágrimas de sangue = hematidrose)*

E Jesus veio, por sua vontade própria, movido pelo amor que o caracteriza, oferecer-se como sacrifício vivo, pela nossa salvação.

Não queria que sofrêssemos aqui neste mundo a ruína de nossa perdição, mas sim que, salvos do pecado pela sua graça, tivéssemos o direito de usufruir as benesses do céu, para as quais fomos criados.

Despiu-se da sua divindade e veio como homem.

Aqui viveu, sentiu e conviveu com todas as circunstâncias que envolvem a vida humana. Os sofrimentos, as dores e também as alegrias. Chorou, conheceu a tristeza, como na morte do seu amigo Lázaro. Alegrou-se com as pessoas que entregavam seus corações a Deus. Sentiu fome e sede. Foi humano.

Saiu de toda a grandiosidade do céu, e veio a este planeta, expor-se às mais terríveis ofensas morais, às agressões mais cruéis, ao ódio, à repulsa, à ira de seres humanos enfurecidos.

Veio trazer e ensinar amor aos homens, mas esses estavam cegos ao que não correspondia aos seus instintos bestiais.

Mesmo aqueles que diziam servir a Deus, não o aceitaram. Não reconheceram a simplicidade de sua mensagem, nem a verdade de suas palavras.

Dentro dos seus paramentos tecidos com ouro e prata, julgaram o homem simples, suas vestes empoeiradas, suas sandálias desgastadas, seu cajado de madeira barata.

A maioria esperava que Deus mandasse um rei para tirar Israel do cativeiro. Mas desiludiram-se, quando Jesus lhes disse que o seu reino não era deste mundo. Afinal... este mundo era só o que conheciam. Perdão dos pecados, salvação eterna, amor, vida em abundância... eram insignificantes para eles. Não conheciam nem o reino anunciado e nem quem o anunciava.

Mas Jesus não desistiu. Continuou sua caminhada pela Terra. Ele tinha uma missão a cumprir e a cumpriria até o fim. Estava com mais vontade ainda de salvar essa humanidade, tão triste, tão errada, da dor, da ignorância do bem, do desconhecimento de Deus.

Seu objetivo de cumprir o propósito estabelecido com o Pai era maior do que as lutas enfrentadas neste mundo. Ele foi um homem bom e aos bons o cumprimento de um propósito, nascido no coração e estabelecido em seus valores nobres, torna-se maior do que os percalços que o tentam invalidar.

Repito aqui, sem meios de comunicação, sem microfone, sem equipes de trabalho que o assessorassem, ele estabeleceu neste planeta a verdade do Criador.

E a força de sua mensagem propagou-se de forma tão intensa que em 300 anos ganhou o mundo.

No ano de 313 DC o imperador Constantino converteu-se ao Cristianismo e permitiu o reconhecimento dessa religião em todo o Império Romano.

Em 391, DC o Cristianismo passou a ser a religião oficial de Roma.

O Império Romano dominava muitos povos no século quatro, e estabeleceu sobre eles o Cristianismo.

COMO RECEBER
A SALVAÇÃO ETERNA

Sabemos que devemos ser salvos por Deus para vivermos a vida eterna com Ele no céu. Mas o que fazer para que isso aconteça?

A Bíblia diz que é necessário ter uma relação pessoal com o Senhor e seguir os seus preceitos.

Mas o que é salvação eterna?

> *"E a vida eterna é esta: que conheçam a ti, o único Deus verdadeiro, e a Jesus Cristo, a quem enviaste." **(João 17:3)***

Jesus referiu-se à salvação eterna como possibilidade de entrar no reino de Deus e viver a eternidade com Ele.

E seu plano para isso é salvar todas as pessoas, mas infelizmente nem todos aceitam ser salvos.

> *"Porque Deus amou o mundo de tal maneira que deu o seu Filho unigênito, para que todo aquele que nele crê não pereça, mas tenha a vida eterna." **(João 3:16)***

Todo aquele que nele crê....

E os que não creem...terão o mesmo direito à salvação?

A Palavra de Deus é clara e expressa a sua verdade plena e absoluta.

Se não buscarmos uma vida, segundo os ensinamentos dele, não entraremos no reino dos céus.

A salvação é um dom gratuito de Deus, que nos é dado não pelos nossos merecimentos, pois somos todos pecadores, mas pela graça recebida por Jesus, ao completar sua missão.

Jesus veio para nos libertar da vida errada, quando estávamos presos a nossos pecados. E nos capacitar para viver uma vida certa com ele.

Então, aquele que reconhecer essa verdade e se arrepender dos seus pecados estará apto a viver uma vida melhor e ser salvo, mas se não cumprir a sua parte, perderá a oportunidade que recebeu.

Ser capacitado não significa ser salvo, se não exercer o seu dever cristão.

> *"Quem crê no Filho tem a vida eterna; o que, porém, desobedece ao Filho não verá a vida eterna, mas sobre ele permanece a ira de Deus."* **(João 3: 36)**

As boas obras são atos procedentes daqueles que praticam o bem. Mas não são armas que nos garantem a vida eterna.

Se assim não fosse, poderíamos negociar com Deus. Seríamos executores de boas obras, visando um bom lugar no céu. O que está bem distante do sacrifício de Jesus.

> *"Porque pela graça sois salvos, mediante a fé; e isto não vem de vós, é dom de Deus; não vem das obras, para que ninguém se glorie."* **(Efésios 2: 8,9)**

O poder da nossa salvação está nas mãos de Deus e dele recebemos, de graça, através do sacrifício de Jesus. Portanto, é justo que somente se aceitarmos a Jesus, conscientemente, possamos receber a salvação.

> *"Porquanto Deus enviou o seu Filho ao mundo, não para que julgasse o mundo, mas para que o mundo fosse salvo por ele."* ***(João 3:17)***

Ouvimos tanto falar que a salvação nos é dada pela graça de Jesus, em sua morte na cruz, que até poderíamos pensar qual é a nossa motivação para fazer somente o que é certo, se tudo já nos foi dado de graça, inclusive o perdão pelos nossos pecados?

Se cremos em Jesus e sabemos que Ele morreu pelo perdão dos nossos pecados, que Deus nos perdoou e nos ama, que foi aberto o caminho que nos leva ao céu, então podemos seguir pecando, sem nos preocuparmos, pois já fomos salvos...?!

Pensando assim, estamos completamente errados e demonstramos um total desconhecimento das Escrituras.

O caminho para a salvação inclui:

1. Reconhecer que somos pecadores e pedir perdão pelos nossos pecados.
2. Arrependimento sincero. Quando realmente queremos ser melhores para Deus e não ofender com nossos pecados.
3. Crer em Jesus, no valor da sua missão salvífica, E colocá-lo em nosso coração, adorando-o como Deus. Crer que Deus o ressuscitou dentre os mortos.
4. Declarar Jesus Cristo como nosso único e suficiente Salvador. E, com fé, entregar a Ele o controle de nossas vidas.

Após a realização desse caminho, passamos a ser filhos de Deus, com direito a todas as bênçãos que constam na Bíblia. Seremos herdeiros de Deus e co-herdeiros com Cristo de todas as suas promessas. E o mais importante, Deus passa a nos ver como seus filhos, cuidando de nós como tais.

Quando salvos, Jesus nos livra da condenação eterna e da escravidão do pecado. E durante a nossa vida, Ele nos ajuda a guerrear contra o pecado e a viver dentro dos seus parâmetros. A salvação é um estado que só se completa na vida eterna.

> *"Mas, a todos quantos o receberam, deu-lhes o poder de serem feitos filhos de Deus, a saber, os que creem em seu nome."* **(João 1:8)**

> *"Ora, se somos filhos, somos também herdeiros e co-herdeiros com Cristo; se com ele sofremos, também com ele seremos glorificados."* **(Romanos, 8:17)**

Durante todo o seu ministério na Terra, Jesus ensina ao homem o que fazer e como fazer para merecer a salvação eterna. E, até hoje, através de sua Palavra, continua ensinando a toda humanidade o seu caminho: a eternidade com Deus.

E ele é tão bom, tão grandioso, que deu a sua vida por toda a humanidade. Não importa quem sejamos, nem o que tenhamos feito, o convite dele é extensivo a todos. Basta que nos arrependamos dos nossos pecados e o aceitemos como nosso único e total Salvador.

Conclui-se que nem todos vão para o céu, mas só os que aceitam a salvação por Jesus. E entregam suas vidas a Ele, por sua livre e espontânea vontade, comprometendo-se a segui-lo e aos seus preceitos.

Quero completar objetivamente o que disse aqui:

- Salvação = Graça
- Boas obras = Galardões
- Salvação: a causa da morte de Jesus na cruz foi a salvação da humanidade. O homem passou a receber de graça, porque não fez nada para que isso acontecesse e mérito nenhum teve, a graça da salvação eterna.

Deus mandou Jesus, com o consentimento dele, para vir a este mundo, como homem, sofrer todas as agruras que um ser humano poderia sofrer neste mundo, tanto físicas, quanto morais. E isso para que a humanidade pudesse fazer jus à salvação, se assim quisesse e cumprisse os mandados do Senhor!

Então Jesus disse:

> *"Eu sou o caminho, e a verdade, e a vida; ninguém vem ao Pai senão por mim."* ***(João 14:6)***

E como recebê-lo?

> *"Se, com a tua boca, confessares Jesus como Senhor e, em teu coração, creres que Deus o ressuscitou dentre os mortos, serás salvo. Porque com o coração se crê para justiça e com a boca se confessa a respeito da salvação."* ***(Romanos 10:9,10)***

Boas obras – não são ações que têm apenas aprovação social, pois isso os pecadores também fazem. Significam praticar, com ações, as coisas que estão de acordo com a vontade de Deus. Boas obras são decorrentes da salvação e não sua causa. Segundo o versículo abaixo, serão recompensadas no último julgamento. São os galardões dos quais a Bíblia fala.

> *"Escutem, diz Jesus, Eis que cedo venho, e o meu galardão está comigo, para dar a cada um segundo a sua obra."* ***(Apocalipse 22:12)***

PODEMOS PERDER A SALVAÇÃO?

Este é um assunto que ainda traz dúvidas a muitos cristãos. Por isso a necessidade de falar sobre ele.
Já dissemos que o ser humano possui espírito, alma e corpo. Que a alma recebe do espírito aquilo que vem de Deus. E do corpo o que vem do mundo. O controle de nossas vidas estará na predominância do que a alma contém. E o seu conteúdo depende de nossas escolhas.

Jesus morreu para nos conferir o direito à salvação eterna, e disso já falamos aqui. Ele venceu o inimigo no deserto, na cruz, na morte, e para vencê-lo no seu coração, precisa do seu consentimento. Ele sabe quão fortes são as tentações da carne e como ajudá-lo a vencer.

Em várias passagens bíblicas Jesus se manifesta sobre isso.

> *"As minhas ovelhas ouvem a minha voz; eu as conheço e elas me seguem. Eu lhes dou a vida eterna; jamais perecerão, e ninguém as arrebatará da minha mão."* **(João 10:27,28)**

Jesus fala aqui sobre os filhos de Deus. Aqueles que optaram por fazer dele seu único Salvador. Que reconheceram seu sacrifício na cruz e a graça por Ele recebida, para que todos os seres humanos tenham o direito à salvação eterna, se assim o quiserem. Os que assumiram, que são pecadores, de tal se arrependem, e precisam da glória de Deus.

*"Todos pecaram e carecem da glória de Deus." **(Romanos 3:23)***

Existe uma grande diferença entre conversão genuína e conversão aparente.

A primeira é quando alguém entrega a sua vida a Jesus, reconhece-o como seu único e verdadeiro Salvador, segue os seus preceitos, procura ter uma vida digna de um filho de Deus, o que não o impede de viver muito bem neste mundo.

Alegra-se por ser santuário do Espírito Santo e ter Jesus no coração. Reconhece quando peca, pede perdão, e reconcilia-se com o Senhor. Por mais que saia dos caminhos de Deus, acaba voltando, pois realmente é um filho de Deus e não consegue viver sem Ele.

Dá muita importância à verdade, um dos atributos de Deus. Quem faz a conversão genuína recebe a graça da salvação eterna e não a perderá. É a pessoa que realmente se converteu.

A conversão aparente é quando a pessoa recebe Jesus, como seu único e total Salvador, e diz que entrega sua vida a Ele. Mas essa decisão é supérflua, não atingindo o seu coração. São atitudes tomadas em momentos impensados, talvez por um ímpeto emocional ou para agradar alguém.

Segue vivendo como melhor lhe aprouver e não se sujeita à vontade divina. Acha que já se converteu e que sua salvação eterna está garantida. E que pode viver neste mundo, no comando de sua vida. Essa pessoa não é salva e não perde a salvação, porque nunca a teve.

A grande diferença está em como a decisão da salvação passa dos nossos impulsos emocionais, recebe a concordância da razão, chega firme e convicta ao nosso coração, estabelecendo-se no nosso espírito.

Isso acontecendo, aí sim estaremos salvos, pois se alguma vez nos desviarmos, o Espírito Santo agirá em nós e nos trará de volta ao caminho de Deus. Por isso, a necessidade de uma evangelização correta, que nos leve à certeza do que realmente queremos.

Esse é um assunto polêmico entre o povo de Deus, inclusive. Veja-se o exemplo dos ladrões que foram crucificados ao lado de Jesus.

> "*Um dos malfeitores crucificados blasfemava contra ele, dizendo: Não és tu o Cristo? Salva-te a ti mesmo e a nós também. Respondendo-lhe, porém, o outro, repreendeu-o, dizendo: nem ao menos temes a Deus, estando sob igual sentença? Nós, na verdade, com justiça, porque recebemos o castigo que os nossos atos merecem; mas este nenhum mal fez. E acrescentou: Jesus, lembra-te de mim quando estiveres no teu reino. Jesus lhe respondeu: Em verdade te digo que hoje estarás comigo no paraíso.*" **(Lucas 23: 39-43)**

Esse malfeitor percebeu que era pecador, arrependeu-se e reconheceu o senhorio de Jesus sobre a sua vida. No seu pedido declara que Jesus é Deus. Certamente foi uma manifestação sincera, que lhe saiu do coração, salvando o seu espírito. Por isso, segundo a promessa de Jesus, no mesmo dia foi salvo.

O outro teve a mesma oportunidade. Estava crucificado, sabia que ia morrer, mas permaneceu incrédulo. Não reconheceu Jesus como Deus. Então não foi salvo por Ele.

Creio que Jesus pode salvar uma pessoa, até o seu último instante de vida, se esta pessoa chamá-lo, reconhecendo-o como Deus e pedindo-lhe o socorro divino. Então jamais afirmo que, ao morrer, alguém vai para o céu ou não. O Senhor vê os corações de todos os seres humanos, reconhece as suas reais intenções, e nós, muitas vezes, não conseguimos enxergar nem o que se passa dentro de nós.

Jesus sabia que aquele malfeitor estava à beira da morte e o salvou, apenas porque ele cumpriu o principal requisito para a salvação eterna, reconheceu-o como Deus e lhe entregou a sua vida.

A conversão genuína nos dá os privilégios da vida eterna, ainda neste mundo. É a vida em abundância que Jesus prometeu aos seus. Se vivermos com o Senhor, dependeremos dele nas circunstâncias de nossa caminhada. Ele satisfará os desejos dos nossos corações, pois estarão alinhados à sua vontade soberana.

Deus cuidará de nós, como um pai amoroso e presente cuida dos seus filhos. Teremos a sua ajuda em todas as nossas decisões. E a sua luz a iluminar o nosso caminho.

Mas não seremos marionetes em suas mãos, pois sempre respeitará o nosso livre-arbítrio. Se assim não fora, ele estaria indo contra a sua palavra, privilegiando uns e outros não. O que jamais acontecerá.

No entanto, se andarmos afastados dele, não poderemos usufruir dos benefícios de sua presença. Ele é justo e não interfere na vida daqueles que não são seus.

A VIDA ETERNA

Jesus diz: "Eu sou a ressurreição e a vida. Quem crê em mim, ainda que morra, viverá; e todo aquele que vive e crê em mim não morrerá eternamente. Crês isto?" João 11:25.

Nascemos, crescemos, envelhecemos e morremos. A dúvida inerente ao ser humano é: o que acontecerá após a morte? E isso gera um dos maiores medos: o medo da morte. A insegurança terrível de quem não conhece Deus e, consequentemente, não crê na vida eterna, ou pior, tem dúvida se ela exista ou não.

A vida eterna é infinita, intrinsecamente ligada ao sobrenatural de Deus, para os que acreditam nele. E também infinita para os que não acreditam em Deus e eternamente viverão separados d'Ele, no sofrimento eterno.

Você já pensou nas maravilhas da eternidade com Cristo? Já imaginou que coisa grandiosa é viver do lado dele, usufruir de sua presença, poder olhar a doçura dos seus olhos?! Você já vislumbrou o quanto de sublimidade haverá no sorriso de Jesus?!!!

O que você vai sentir quando ele lhe estender a mão, abençoá-lo e abraçá-lo com seu amor divino?!!! Quando você for recebido pelo Pai, que o amou durante uma vida inteira e finalmente tem o grato prazer de recebê-lo em casa?!!!

Muitas vezes eu me surpreendo sentindo saudades de Jesus, eu não sabia por que, até que me foi revelado que nele estavam as minhas raízes, e só nele está a minha realização pessoal. Que a minha formação só se completará na eternidade, diante do Criador. A vida eterna é uma graça que recebemos no momento da conversão. Quando reconhecemos Jesus Cristo como nosso Senhor e Salvador.

"Porque Deus amou o mundo de tal maneira que deu o seu Filho unigênito, para que todo aquele que nele crê não pereça, mas tenha a vida eterna." **(João 3:16)**

Há pessoas, que mesmo cristãs, duvidam se têm direito à vida eterna. Na realidade, têm dúvidas se são salvas ou não. Porque pecam, não se acham merecedoras ou temem perder a salvação. É possível que ainda não tenham tido um encontro com Deus. E não conheçam a graça do perdão.

Mas essa dúvida, se constante, impede de usufruir o melhor de Deus. Eu peço ao Espírito Santo que este livro consiga esclarecer esse assunto. E assim a paz que a presença de Jesus oferece ocupe os seus corações.

Aquela pessoa que somente crê no tangível que a ciência lhe disponibiliza nunca chegará ao sobrenatural de Deus. Tem o espírito fechado para receber as informações de um mundo que desconhece e não entende. Portanto, é impossibilitado de conseguir a salvação eterna. A não ser que se converta e busque o caminho de Deus.

Há homens que procuram, das formas mais inusitadas, inclusive usando a genialidade de sua inteligência, vencer a luta contra a morte, mas até hoje não conseguiram.

Criam armas nucleares para defender-se, inventam os mais sofisticados meios de transporte e pesquisa em outros planetas, buscando novas formas de vida estelares e planetárias.

No entanto teimam em desacreditar no único Ser que tem todas as fórmulas do Universo. E descreem na vida eterna com Deus.

Voltam às origens de sua criação, quando o homem tinha tudo para suprir as suas necessidades, em contato direto com seu Criador, mas quis ser maior do que Ele, e o desobedeceu, na certeza de que poderia ser melhor. E até hoje luta com Deus, não se prostrando diante do seu poder. Impressiona-me ver em grandes homens, o desespero por provar a inexistência de Deus, e assim livrarem-se de quem pode sobrepujá-los.

Mas mesmo diante de um quadro tão deplorável, Deus continua sendo Deus e praticando sua maior característica: o amor. E para abrir o caminho do homem à eternidade, mandou Jesus.

Crer em Jesus e no seu sacrifício vicário nos leva a rejeitar a vida de pecado, pedir perdão a Deus, sempre que pecamos, e acreditar no direito ao perdão que recebemos na sua morte na cruz.

Assim sendo, não precisamos mais temer a morte, pois nossa fé nos levará ao conhecimento de que um dia ressuscitaremos, receberemos um corpo novo e viveremos para sempre com Deus.

> *"Porquanto o Senhor mesmo, dada a sua palavra de ordem, ouvida a voz do arcanjo, e ressoada a trombeta de Deus, descerá dos céus, e os mortos em Cristo ressuscitarão primeiro, depois nós, os vivos que ficarmos, seremos arrebatados juntamente com ele, entre nuvens, para o encontro do Senhor nos ares e assim, estaremos juntamente com o Senhor."*
> **(I Tessalonicenses 4:16,17)**

Esse fato pode parecer tão irreal e longínquo a quem nunca teve uma experiência com Deus, que não conhece o seu poder, vive longe do seu sobrenatural. Mas é normal e compreensível aos filhos dele.

Quero esclarecer aqui que isso não significa viver neste mundo sem pecar.

> *"Se dissermos que não temos pecado nenhum, a nós mesmos nos enganamos, e a verdade não está em nós."* **(I João 1:8)**

> *"... pois todos pecaram e carecem da glória de Deus."*
> **(Romanos 3:23)**

Ainda estamos neste mundo, carregamos um corpo que dele recebe influência e, portanto, é corruptível. Então, as paixões e os desejos da carne não nos são indiferentes. Assim como a mente, a razão e a inteligência também buscam nele a matéria, e tudo aquilo que lhe convém para provar que o potencial humano é capaz de grandes realizações, também a nível universal.

O que tentamos comunicar é que, se cremos e amamos a Deus, nos é mais fácil não pecarmos, porque a sensibilidade do nosso espírito nos afasta do pecado, por amor a Ele. E, quando pecamos, sentimos imediatamente a necessidade de pedir perdão.

Vejo, em algumas pessoas que evangelizo, o temor de entregarem suas vidas a Jesus e depois precisarem viver cheias de restrições neste mundo. Acham que não pecar é algo incômodo e impossível. Que isso lhes afastaria do prazer, da alegria, da liberdade, do sexo, da prosperidade, de uma vida feliz. Mas isso é um erro enorme de quem não conhece a Deus.

Durante a minha conversão, disseram-me que eu deveria ser como Jesus, honrar a sua imagem e semelhança. Fiquei apavorada e achei que jamais conseguiria aquilo. Como eu, pecadora, habituada com o conforto e os prazeres do mundo, poderia ter a pretensão de ser como Jesus???!!! Teria, então, que me afastar das coisas da Terra, mesmo continuando a morar nela?!

Mas não desisti, pois eu já era apaixonada por Deus e sabia que não poderia viver sem Ele. Conforme o tempo foi passando, mais eu me aproximava de Jesus. Fui criando intimidade com Ele, através da oração, e me apaixonei pelo meu Senhor, tão bom, tão querido, tão misericordioso e perdoador...!

Então minha vida mudou, sem sacrifício, sem sofrimento, sem dificuldade. E mudou para muito melhor. Quando se ama alguém, nosso desejo é fazer a vontade da pessoa amada, não contrariar, mas ficar feliz com a sua felicidade. E é assim que me sinto com Jesus. O pecado entristece o meu coração, pois sei que mais ainda entristece o dele, por afastá-lo de mim. E o meu socorro é o perdão.

E essa vida feliz que ora vivo não é prerrogativa minha, mas é direito de todos os que creem em Jesus e na sua Palavra.

A VIDA EM ABUNDÂNCIA

Conheci uma viúva que sonhava com um marido que a levasse para viajar por lugares lindos do mundo e lhe desse uma casa grande e luxuosa. Andava por bairros nobres da cidade e ficava maravilhada com as mansões luxuosas que via.

Pensava então: alguém que more nessas casas deve ter vários empregados, carros com motoristas, animais de estimação de raças nobres...! Deve frequentar clubes sociais aristocráticos, restaurantes maravilhosos e ter roupas elegantes. E os perfumes??? Imagino uma grande prateleira cheia dos perfumes estrangeiros, os mais deliciosos!!!! Quem mora em uma casa dessas e tem todas essas coisas realmente deve ser muito feliz...!!!

Um dia, ela encontrou um homem muito rico, o qual lhe prometeu tudo a que ela aspirava e muito mais. Casaram-se com uma linda festa e foram passar a lua de mel na Europa.

Na volta, o marido comprou uma casa, das mais belas que ela já tinha visto. Tão grande que a comunicação era feita por telefonia interna. Vários empregados, carros com motorista.

Seu *closet* tinha as roupas mais lindas que ela nem imaginara. Havia um canil, com várias raças de cachorros. Suas joias chamavam a atenção de todos.

Então começou a receber visitas e fazer festas belíssimas. Mas aos poucos, foi notando que não estava feliz. Nada daquilo lhe trazia paz. Notou que nem sorria mais. Olhava-se no espelho e via cada vez mais rugas e tristeza.

A casa dava muito trabalho, as coisas estragavam, os empregados reclamavam e exigiam, cada vez mais, direitos e regalias. Seu marido já não era o homem que havia conhecido. Mostrava-se cada dia mais estranho. Frio, neurastênico com todos da casa e com ela também. Nada o agradava, passou a reclamar de tudo. E ser estúpido.

Ela pensava na sua vida passada, quando imaginava um futuro tão diferente. Então, decidiu separar-se. Não aguentava mais! Mas o marido negou a separação. Então começou uma guerra familiar. Divórcio litigioso e uma batalha judicial insana.

Finalmente ela conseguiu divorciar-se. Ele saiu de casa e ela ficou só, naquela moradia imensa. Olhava todo o conforto e a beleza que lhe circundavam. Tinha dinheiro, podia continuar com tudo aquilo, mas descobriu que o mais importante estava lhe faltando: alegria, paz e felicidade.

Colocou a casa à venda. E saiu a viajar pelo mundo. Mas não encontrava paz em seu coração. Os lugares por onde andava não eram tão belos quanto ela imaginava.

Voltou para sua cidade. Nem uma proposta de compra para sua casa. Aquele imóvel, objeto de seus sonhos e frustrações, a mantinha prisioneira de noites insones e dias mal vividos.

Com os nervos à flor da pele, começou a adoecer. Vivia de médico em médico. E só tinha vontade de chorar. A depressão já a estava consumindo.

Perto de sua residência, havia uma igreja evangélica, na qual ela nunca havia entrado, pois se achava superior àquele ambiente. Um dia, passando por lá, ouviu uma voz que cantava uma linda canção. Parou na porta de entrada e ficou escutando. As lágrimas rolavam pelo seu rosto sem cor.

Ela foi entrando devagarinho e sentou-se no último banco, para não ser notada. A música continuava e parecia inundar o seu coração. Então um pastor começou a pregar e Deus usou aquele homem para falar com ela, sem que ele nem mesmo a visse. O impacto foi tão grande, que todo o seu ser ia sendo invadido.

Quando o culto terminou, as pessoas foram abraçá-la, acolhendo-a com um carinho que ela também não conhecia. Pediu para falar com o pastor, que prontamente a atendeu. E ela perguntou: como o senhor sabe tudo que eu estou passando? Ao que ele respondeu: minha querida senhora, eu não a conheço e nem a vi hoje na igreja. Talvez a senhora tenha sentado muito atrás, e eu não a tenha notado.

Ela recomeçou a chorar, então o pastor a abraçou e disse-lhe que Deus a conhecia e que teria falado com ela, por amá-la muito. Ficaram conversando por bastante tempo. Ela entregou sua vida a Jesus, reconhecendo-o como seu único Salvador. E sua vida foi restaurada.

Dias depois, conseguiu vender a casa. Negócio mal feito, preço inferior. Mas que lhe possibilitavam a liberdade daquela gaiola de ouro.

Logo procurou outro imóvel para morar. Encontrou um apartamento pequeno, bem claro, ambiente alegre, que lhe proporcionava uma sensação de tranquilidade. Não queria mais empregados, nem ostentações, nem objetos sofisticados. Mas sim um lugar que lhe desse prazer de desfrutar de sua própria companhia, o que talvez nunca tivesse valorizado.

Comprou uma poltrona confortável, colocou-a perto de uma sacada, de onde via o céu azul, aquecendo o seu coração. Ali passava um tempo, todos os dias, orando, falando com Jesus, e só levantava quando se sentia leve e realizada, transbordando de alegria e paz.

Comprou muitas plantas, colocou quadros coloridos nas paredes, pegou um gatinho para criar, e passava o dia cantarolando.

Passou a desfrutar de uma liberdade que não conhecia. Sentia-se cada vez melhor, com o coração mais tranquilo e apto a amar a vida e as pessoas à sua volta. Com cada uma que conversasse, perguntava se já conhecia Jesus. E assim foi se tornando uma evangelista, com paz e uma felicidade que nunca imaginara sentir.

Muitas pessoas entendem errado a promessa de Jesus:

> *"...eu vim para que tenham vida e a tenham em abundância."* **(João 10:10)**

A história que contei traduz o real significado de vida em abundância.

A vida em abundância que Jesus prometeu mais se concretiza nas nossas vidas à medida que nos aproximamos dele e o nosso interior vai ficando mais iluminado e os nossos valores mais se assemelham aos dele.

Ele nos tirou das trevas do nosso passado e nos levou para a sua maravilhosa luz. Quanto mais cuidarmos para manter acesa sua luz em nós, mais teremos a visão do cumprimento de suas promessas, ainda neste mundo.

> *"A vida estava nele (Jesus) e a vida era a luz dos homens."* **(João 1:4)**

Quem tem Jesus na sua vida, quem clama a Ele e crê no Seu amor e poder não vive mais à mercê de suas forças naturais, mas tem a força sobrenatural de Deus, a embasar e fortificar as suas decisões. E assim é muito mais fácil ser feliz.

> *"Ao que Jesus respondeu: Se o senhor pode? Tudo é possível ao que crê."* **(Marcos 9:23)**

A vida em abundância não é uma promessa futura, mas sim uma graça que nos pertence ainda neste mundo. Quando uma pessoa recebe Jesus, como seu único Salvador, o Espírito Santo vem habitar no seu coração e traz com Ele os seus frutos, que passam a lhe pertencer. Então sua vida realmente vai mudar para melhor, pois encontrará o seu verdadeiro significado.

> *"Mas o fruto do Espírito Santo é: amor, alegria, paz, longanimidade, benignidade, bondade, fidelidade, mansidão e domínio próprio. Contra estas coisas não há lei."* **(Gálatas 5: 22-24)**

Essas coisas garantem a abundância de nossa vida na Terra. Quando realmente nos entregamos a Jesus e passamos a viver como seus filhos amados, ele nos satisfaz e nos enche com a sua graça.

Creio que uma das grandes dificuldades de entendermos o que significa vida em abundância seja que, enquanto a língua portuguesa tem apenas uma palavra para designar vida, em grego há três palavras que são usadas com esse significado. São elas:

1. **Bios** = vida biológica, vida física, curso da vida. Dá origem a termos como biografia, biologia e outras. É a vida do corpo, nossa parte exterior que recebe as influências diretas do mundo, adoece, envelhece e morre.

2. **Psique** = vida psicológica, ser vivo alma vivente. É a vida da alma, onde estão vontade, emoção e mente. Psique tem sido traduzida como alma, como vida. O Novo Testamento apresenta essa palavra como constituição psicológica do ser humano. A alma exerce influência na vida do homem, mas não tem o conhecimento do espírito.

3. **Zoé** = vida espiritual, através da qual nos comunicamos com Deus. O espírito do homem é composto pela consciência, a intuição e a comunhão. A palavra Zoé significa a vida real de Deus, o seu potencial divino, a sua beleza e perfeição, o seu amor, a sua bondade eterna.

E essa vida maravilhosa já começa a agir em nós, através de nosso espírito, desde o momento em que tomamos a decisão de dedicar a nossa vida a Jesus, em total confiança, fé e amor, até que seja efetivada a ressurreição, onde viveremos com Ele por toda a eternidade.

Zoé é a tradução de vida em abundância.

"... Eu vim para que tenham vida e a tenham em abundância." ***(João 10:10)***

Não existe nenhuma promessa bíblica que nos isente de sofrimentos, enquanto estivermos neste mundo.

Jesus disse, em João 16 33: "Estas coisas vos tenho dito para que tenhais paz em mim. No mundo passais por aflições; mas tende bom ânimo; eu venci o mundo".

A diferença daqueles que têm a sua vida entregue a Jesus e são salvos é que, nas tribulações, são fortalecidos por Ele. Se, ao passarmos por problemas que nos afligem, estivermos amparados pelo socorro divino, menos dolorosas serão as soluções e mais facilmente sairemos deles. Caso contrário, sozinhos, ou dependentes apenas das soluções visíveis aos nossos olhos, estaremos expostos e indefesos às nossas emoções. E o resultado será desesperança e dor.

Concluímos, pois, que vida em abundância não é a satisfação dos nossos cinco sentidos. Não é a resposta aos nossos anseios ao que a vida material oferece. Não está na assinatura de um estilista famoso. Não é a garantia real que uma agência de viagens pode mostrar. Não está agregada aos diplomas universitários, nem aos títulos e cargos que possamos alcançar. Muito menos às nossas contas bancárias.

Mas ela é, sim, o bálsamo espiritual que nos dá uma nova visão da vida. Que aperfeiçoa as nossas emoções e enriquece o nosso espírito. Que dá novo significado a tantas coisas que antes não valorizávamos. Que nos eleva acima das situações e circunstâncias nocivas ao nosso viver.

CÉU

Ao falarmos sobre salvação, buscamos o verdadeiro significado de céu, para onde vão os salvos.
Muitos autores e pregadores famosos falaram do céu e suas características. Entre eles, Dante Alighieri, Agostinho de Hipona, John Milton, C.S. Lewis, John Bunyan. Não visamos aqui discutir suas teorias, mas mostrar como esse sempre foi um assunto de interesse do ser humano.

O céu não é uma fantasia, nem um lugar irreal criado pela esperança ou pelo medo da morte. É um lugar muito real, onde cada um de nós pode encontrar amor incondicional e realização plena.

Jesus, em várias passagens da Bíblia, fala sobre o céu. Entre elas, quando fala a Pedro:

> *"Dar-te-ei as chaves do reino dos céus; o que ligares na terra terá sido ligado nos céus; e o que desligares na terra terá sido desligado nos céus."* **(Mateus 16:19)**

O céu é uma promessa de Jesus. Ele marcou um encontro conosco lá.

> *"Na casa de meu Pai há muitas moradas. Se não fosse assim, eu já lhes teria dito. Pois vou preparar-lhes um lugar no céu."* **(João 14:2)**

Nós, seres humanos, procedemos de Deus. Estamos aqui na Terra de passagem, mas um dia viveremos com Ele no céu, se assim o quisermos.

Está escrito:

> *"Nem olhos viram, nem ouvidos ouviram, nem jamais penetrou em coração humano o que Deus tem preparado para aqueles que o amam."* **(I Coríntios 2:9)**

O céu é o lugar citado na Bíblia, onde não haverá mais morte, nem sofrimento, fome, medo ou dor. Um mundo onde não há lágrimas nem doenças, onde tudo é alegria e prazer.

> *"E lhes enxugará dos olhos toda lágrima. E já não existirá mais morte, já não haverá luto, nem pranto, nem dor, porque as primeiras coisas já passaram."* **(Apocalipse, 21: 4)**

> *"Jamais terão fome, nunca mais terão sede, não cairá sobre eles o sol, nem qualquer outro calor forte."* **(Apocalipse 7:16,17)**

Vou trazer aqui algumas opiniões importantes sobre o céu.

> *"Com certeza não é errado pensar no céu e falar sobre ele. Gosto de descobrir o máximo possível sobre o céu. Espero passar a eternidade lá. Se eu fosse me mudar para algum lugar neste país, se fosse estabelecer residência lá, perguntaria sobre o clima, a vizinhança tudo, na verdade, que eu pudesse saber sobre o local. Se em breve você fosse emigrar, sentir-se-ia assim.*
> *Bem, logo todos nós vamos emigrar. Vamos passar a eternidade em um outro mundo. Não é natural pesquisarmos, ouvir e querer saber quem já está lá e qual o caminho que devemos seguir?"* **(Dwight L. Moody)**

> *"Imagine pisar na praia,*
> *E ver que é o céu!*
> *Segurar a mão de alguém*
> *E ver que é a mão de Deus.*
> *Respirar um novo ar,*
> *E ver que é ar celestial.*
> *Ficar revigorado,*
> *E ver que é imortal.*
> *Passar por grandes tempestades*
> *E chegar a uma calmaria eterna.*
> *Acordar e ver que chegou a Casa."*
> **(autor desconhecido)**

O Dr. Werner von Braun, famoso por sua participação na fase iniciativa do programa espacial americano, declarou ter razões "puramente científicas" para acreditar na vida após a morte. Ele explica: "A Ciência descobriu que nada pode desaparecer sem deixar vestígio. Não existe extinção na natureza. Ocorre apenas transformação. Se Deus aplica esse princípio às partes mais minúsculas e insignificantes do universo, será que não faz sentido presumirmos que o aplica também à sua obra-prima, a alma humana? Eu acho que faz".

> *"Se Deus fez este mundo tão belo assim*
> *Que é cheio de morte e pecado,*
> *Imagine o esplendor sem fim*
> *Que no Paraíso será encontrado."*
> **(James Montgomery)**

O cientista britânico, Michael Faraday (1791-1867) é considerado um dos maiores físicos do mundo. Quando lhe perguntaram a respeito das suas especulações sobre a vida após a morte, ele respondeu: "Especulações? Não sei dizer nada sobre especulações, pois me apoio em certezas. Sei que o meu Redentor está vivo e, como ele vive, eu também viverei".

> *"Na infância, o céu para nós*
> *São ruas de ouro e perfeição,*
> *Mas tudo tão distante.*
> *Um lugar onde os portais se abrirão*
> *Para nós, um dia bem adiante.*
> *Mas quando a vida chega ao seu outono,*
> *Com os anos já passados,*
> *O coração muitas vezes em desconsolo,*
> *E os olhos em lágrimas banhados,*
> *Olhamos para o paraíso,*
> *Vemos além da noite de pesar e escuridão,*
> *Um lugar onde nossos amados estão vivos,*
> *Onde tudo é luz e bendição.*
> *E vemos acima de tudo o semblante*
> *Daquele que para os nossos irá nos levar*
> *Não para um lugar distante,*
> *Porque o céu, afinal, é o nosso Lar!"*
> **(Sue H. McLane)**

> *"Almeje o céu e você ganhará a Terra de presente. Almeje apenas a Terra e não terá nenhum dos dois."* **(C.S. Lewis)**

No céu teremos a superação de todas as nossas limitações. Lá, Deus abrirá os nossos olhos e ouvidos espirituais.

> *"Porque agora vemos como num espelho, de forma obscura; depois veremos face a face. Agora meu conhecimento é incompleto; depois conhecerei como também sou conhecido."* **(I Coríntios 13:2)**

O céu é a morada do nosso espírito. Só lá encontraremos plena realização pessoal, pois nossa essência está alicerçada em Deus e não se completará enquanto estivermos ainda nesta caminhada em direção a Ele.

Quanto mais nossa mente e coração estiverem em Cristo, mais facilidade teremos para aqui completarmos nossa jornada e um dia chegarmos ao céu.

Termos a mente orientada para o céu não nos torna peregrinos alheios às coisas boas da Terra, nem menos responsáveis pelos frutos de nossas ações. Pelo contrário, faz de nós pessoas mais atentas ao nosso desenvolvimento pessoal, mais responsáveis pelo papel que nos cabe neste mundo, e à necessidade de termos como base o bem e a verdade.

ESTE É O MEU CÉU...

Criei-me achando que o céu era um lugar para onde iam as pessoas boas. Mas eu não sabia o que era céu.
Depois aprendi na escola que céu era a casa de Deus. Mas eu não sabia o que era céu.

Na religião, fiquei sabendo que céu era o lugar opcional para os que não queriam arder nas chamas do inferno. Mas eu não sabia o que era céu.

Na teologia, concluí que Deus tem um lugar de onde governa todo o universo e que este lugar é o céu. Mas eu não sabia o que era céu.

Eu olhava para o firmamento e não via o céu. Ficava tentando entender onde, em que lado Ele estaria.

Então um dia, estava orando e tive uma visão de Jesus me levando pela mão, nos ares. Eu era uma menina, com um vestido branco, e estava com um cinturão que brilhava muito. Fiquei muito impactada e perguntei a Jesus o que significava aquele cinturão? Ele me respondeu que era o cinturão da verdade. Não me explicou mais nada, só sorria para mim. Até hoje choro quando me lembro disso.

Não sei quando, nem se foi naquele momento, eu consegui saber o que é o céu. Creio que quanto mais perto eu me aproximava de Jesus, maior comunhão eu tinha com ele. E mais eu compreendia o que era o céu.

Hoje eu creio que, aqui da Terra, a gente só entende e se conecta ao céu pelo coração.

Quando começo a orar, meu espírito entra em outro nível, que eu não sei descrever. Então sinto a presença tão forte de Deus, que quase vejo Jesus com meus olhos físicos. E choro muito, tanto que, como agora quase não consigo mais escrever. Fico muito tempo em total adoração, sem nada pedir, só dizendo a ele o quanto eu o adoro, como meu Deus, Senhor da minha vida e do Universo... e falando-lhe da dimensão do meu amor ao Paizinho lindo e amoroso que Ele é... da minha total dependência dele. Só depois disso começo a explanar meus motivos de oração.

E para mim, isso é um vislumbre do céu.

Sei que lá é um lugar maravilhoso, onde a perfeição se concretiza. Que há muita luz, muitas cores, muita beleza. Que foi criado por Deus, para a plena felicidade dos que para lá vão. Creio que muito além do Jardim do Éden.

Mas o que eu mais quero no céu é estar pertinho de Jesus, olhar nos seus olhos e dizer-lhe, pessoalmente, o quanto eu o amo!!! Sentar aos seus pés e deitar minha cabeça no seu colo, ficar ali quietinha, usufruindo da doçura da sua presença.

Poderá haver algo mais lindo do que isso?

A TRINDADE DIVINA

A essência de Deus não é divisível e pertence igualmente a cada uma das pessoas que formam a Trindade, Deus Pai, Deus Filho e Deus Espírito Santo. Uma só essência.

As três pessoas divinas têm em si a perfeição e o poder absolutos. Não pode haver subordinação entre as pessoas da Divindade quanto ao ser essencial, como nenhuma diferença existe na dignidade pessoal.

Os três são onipotentes, onisicentes e onipresentes.

As três pessoas divinas possuem a mesma natureza, a mesma sabedoria, santidade, grandeza e bondade. E todos os atributos descritos no capítulo referente a Deus.

O Antigo e o Novo Testamento contêm várias indicações da existência trinitária de Deus. A Bíblia não mostra a doutrina da Trindade como uma verdade abstrata, mas a revela como uma realidade viva, atendo-se mais aos fatos do que às palavras. Quanto mais a realidade da Trindade é vista nos fatos da história, mais verdadeiras e notórias vão sendo as afirmações da doutrina.

> *"Porque assim como o Pai tem vida em si mesmo, também concedeu ao Filho ter vida em si mesmo."* **(João 5:26)**

Notamos com maior transparência essas distinções de Deus, estudando as suas referências no Antigo e no Novo Testamento.

A TRINDADE
NO ANTIGO TESTAMENTO

Na criação do homem, Deus Criador, já nos mostra a existência da Trindade, quando diz: Façamos... (nós), segunda pessoa do plural do verbo fazer. Ele não estava só.

> *"Façamos o ser humano à nossa imagem, conforme a nossa semelhança. Tenha ele domínio sobre os peixes do mar, sobre as aves dos céus, sobre os animais domésticos, sobre toda a terra e sobre todos os animais que rastejam pela terra."* **(Gênesis 1:26)**

No acontecimento da Torre de Babel, Deus também fala no plural:

> *"Venham, vamos descer e confundir a língua que eles falam, para que um não entenda o que o outro está dizendo."* **(Gênesis 11: 7)**

Mais referências à Trindade, quando Deus fala novamente no plural:

> *"Depois disto, ouvi a voz do Senhor, que dizia: A quem enviarei, e quem há de ir por nós? Eu (Jesus) respondi: Eis-me aqui, envia-me a mim."* **(Isaías 6:8)**

"Então o SENHOR Deus disse: Eis que o homem se tornou como um de nós, conhecedor do bem e do mal. É preciso impedir que estenda a mão, tome também da árvore da vida, coma e viva eternamente." ***(Gênesis 3:22)***

A TRINDADE
NO NOVO TESTAMENTO

Nos ensinamentos do Novo Testamento, está clara a presença da triplicidade de Deus.

Considero que o versículo mais evidente sobre a Trindade é:

Jesus falou:

> *"Ide, portanto, fazei discípulos de todas as nações, batizando-os em nome do Pai, e do Filho, e do Espírito Santo."* ***(Mateus 28:29)***

O Pai – é reconhecido como Deus.

> *"Eleitos, segundo a presciência de Deus Pai, em santificação do Espírito, para a obediência e aspersão do sangue de Jesus Cristo, graça e paz vos sejam multiplicadas."* ***(I Pedro 1:2)***

Jesus Cristo é reconhecido como Deus.
Ele possui onisciência.

> *"Jesus, porém, conhecendo-lhes os pensamentos, disse: Por que cogitais o mal no vosso coração?"* ***(Mateus 9:4)***

Possui onipotência.

> *"Jesus, aproximando-se, falou-lhes, dizendo: toda a autoridade me foi dada no céu e na terra."* ***(Mateus 28:18)***

E também possui onipresença.

> *"Ensinando-os a guardar todas as coisas que vos tenho ordenado. E eis que estou convosco todos os dias até a consumação dos séculos."* ***(Mateus 28:20)***

O Espírito Santo é reconhecido como Deus.
Ele é chamado de Deus.

> *"Disse então Pedro: Ananias, por que encheu Satanás o teu coração, para que mentisses ao Espírito Santo e retivesses parte do preço do terreno? Enquanto o possuías, não era teu? E vendido não estava o preço em teu poder? Como, pois, formaste esse designo em teu coração? Não mentiste aos homens, mas a Deus."* ***(Atos 5:3,4)***

É onisciente.

> *"Mas Deus no-lo revelou pelo Espírito; porque o Espírito a todas as coisas perscruta, até mesmo as profundezas de Deus."* ***(Coríntios 2:10)***

É onipresente.

> *"Ou não sabeis que o vosso corpo é santuário do Espírito Santo, que habita em vós, o qual possuís da parte de Deus, e que não sois de vós mesmos?"* ***(I Coríntios 6:19)***

Regenera as pessoas.

> *"Jesus respondeu: Em verdade, em verdade te digo que se alguém não nascer da água e do Espírito, não pode entrar no reino de Deus. O que é nascido da carne é carne, e o que é nascido do Espírito é espírito. Não te admires de eu te haver dito: Necessário vos é nascer de novo. O vento sopra onde quer, e ouves a sua voz; mas não sabes donde vem, nem para onde vai; assim é todo aquele que é nascido do Espírito."* **(João 3:5-8)**

Também no Novo Testamento, há referência às três pessoas da Trindade, expressando a mesma divindade.

> *"Porque três são os que testificam no céu: o Pai, a Palavra e o Espírito Santo; e estes três são um."* **(1 João 5:7)**

> *"Quando, porém, vier o Consolador, que eu vos enviarei da parte do Pai, o Espírito da verdade, que dele procede, esse dará testemunho de mim."* **(João 15:26)**

O Pai e o Filho enviando o Espírito Santo.

> *"Então, foi ouvida uma voz dos céus: Tu és o meu Filho amado, em ti me comprazo."* **(Marcos 1:11)**

O Pai falando com o Filho.

> *"Tiraram, então, a pedra. E Jesus, levantando os olhos para o céu, disse: Pai, graças te dou porque me ouviste."* **(João 11:25)**

O Filho dirigindo-se ao Pai.

AUTENTICIDADE DA BÍBLIA

"Toda a Escritura é inspirada por Deus e útil para o ensino, para a repreensão, para a correção, para a educação na justiça, a fim de que o homem de Deus seja perfeito e perfeitamente habilitado para toda boa obra." ***(II Timóteo 3:16-17)***

Este livro tem como fonte, em sua composição, a Bíblia. Portanto não estaria completo, se não buscássemos aqui a sua autenticidade.

A Bíblia foi escrita por 40 autores diferentes, durante 1.600 anos. E mesmo nesse longo espaço de tempo, a mensagem tema foi a mesma: Deus revelando-se sobre quem Ele é, para que os seres humanos viessem a conhecê-lo.

As Escrituras Sagradas estão disponíveis para 2.935 idiomas falados por 6 bilhões de pessoas. Só em 2015, foram feitas traduções para 50 idiomas, falados por quase 160 milhões de pessoas, com auxílio das Sociedades Bíblicas Unidas (SBU). Graças aos esforços dessa aliança global presente em mais de 200 países e territórios, a Bíblia na íntegra está disponível em 563 idiomas, falados por cerca de 5,1 bilhões de pessoas e o Novo Testamento em 1.334 idiomas adicionais falados por 658 milhões de pessoas.

A Bíblia tem profecias comprovadas, as quais foram fielmente cumpridas. O Antigo Testamento relata mais de 300 profecias sobre a vinda do Messias.

No livro de Isaías, capítulo 53, esse profeta fez profecias exatas sobre a vinda de Jesus Cristo, 700 anos AC. Mais tarde, Jesus cumpriu todas.

Por exemplo:

- O profeta previu que Jesus nasceria de uma virgem. (Isaías 7:14)
- O profeta Miquéias previu até onde Jesus nasceria. Em Belém. (Miquéias 5:2)
- Isaías também previu que o ministério de Jesus se centraria principalmente na região da Galileia, junto ao rio Jordão. (Isaías 9:1,2)
- Jesus entrou em Jerusalém, no Domingo de Ramos, montado em um jumento. Isso foi previsto na Bíblia, em Zacarias 9:9.
- As profecias e o fato de haverem sido cumpridas mostram claramente a presença de Deus nesse livro, através do Espírito Santo.
- Os quatro evangelhos que dão início ao Novo Testamento e que trazem detalhes exatos sobre a vida de Jesus foram escritos por pessoas que conviviam com Ele, e viajaram com Ele por 3 anos. São eles Mateus e João. E os outros dois, Marcos e Lucas, foram muito próximos dos apóstolos.
- Cada um desses quatro autores registrou fatos detalhados da vida de Jesus. E nunca se contradisseram.

O Novo Testamento tem sua veracidade atestada, em muitos fatos, entre eles:

- Mais de 5.000 cópias manuscritas;
- As palavras contidas nelas estão em concordância com um índice de 99,5%;
- As cópias foram achadas muito perto de sua data original de autoria.
- A compatibilidade entre os textos é impressionante.

Dr. Ravi Zacharias, evangelista e apologista cristão, indiano, naturalizado norte-americano, diz que "em termos reais, o Novo Testamento é facilmente o escrito antigo mais bem atestado, em termos da enorme quantidade de documentos, de espaço de tempo entre os eventos e os documentos, e da variedade de documentos disponíveis para sustentá-lo ou contradizê-lo. Não há nada nas evidências dos antigos manuscritos que comprometa tal credibilidade e integridade do texto." (Ravi Zacharias, *Can man live without god*, Word Publishing, 1994 página 162).

A arqueologia não pode provar a veracidade da Bíblia. Mas pode substanciar sua exatidão histórica. E ela tem feito isso ao longo do tempo, descobrindo referências a reis, cidades, pessoas e lugares, inclusive nos quais eram feitos alguns milagres de Jesus, mencionados na Bíblia. E com riqueza de detalhes. Cito, como exemplo, o tanque de Betesda (João 5:2-9), que os arqueólogos acharam, em 1888, a 40 pés abaixo do solo, completo, com os 5 pavilhões que constam na Bíblia.

O arqueólogo judeu, Nelson Glueck, disse: "Deveria estar sublinhado categoricamente que nenhuma descoberta arqueológica jamais contradisse uma referência bíblica". (Citação feita por Josh McDowell, *The new evidence that demands a verdict*, Thomas Nelson Publishers, 1999, página 61).

A Bíblia foi escrita por 40 autores, o Antigo Testamento entre 1.500 a 450 a AC e o Novo Testamento entre 45 DC e 90 DC, um período de 1.600 anos.

Em 367 DC foram listados os 27 livros do Novo Testamento. E são os mesmos que temos hoje.

Pouco depois, Jerônimo de Estridão e Agostinho de Hipona (Santo Agostinho) confirmaram os mesmos 27 livros.

A primeira tradução da Bíblia para o latim foi feita por Jerônimo de Estridão (São Jerônimo).

É o livro mais vendido de todos os tempos. Tem 6 bilhões de cópias, nas mais diversas línguas.

Jesus confirma a veracidade da Bíblia. João 17:17.
Os conselhos que a Bíblia traz à humanidade há 3.500 anos são relevantes até hoje:

- **Para os idosos homens** – *"Ensine os mais velhos a serem moderados, sérios, prudentes e firmes na fé, no amor e na perseverança."* ***(Tito 2:2)***
- **Para as mulheres idosas** – *"Aconselhe também as mulheres mais idosas a viverem como devem viver as mulheres dedicadas a Deus. Que elas não sejam caluniadoras, nem muito chegadas ao vinho! Que elas ensinem o que é bom."* ***(Tito 2:3)***
- **Para os maridos** – *"Portanto, alegre-se com a sua mulher, seja feliz com a moça com quem você casou."* ***(Provérbios 5:18)***
- **Para as esposas** – *"Que os seus lábios me cubram de beijos!"* ***(Cântico dos Cânticos 1:2)***

Cientistas da Nasa comprovam a autenticidade da Bíblia.

O dia em que o sol parou

Cientistas da NASA, agência espacial norte-americana, no início da década de 1980, em Green Belt, Maryland, dedicaram-se a uma pesquisa exaustiva.

Harold Hill, presidente da companhia de engenharia Curtis relata a sua experiência.

"Precisamos desses dados para que satélites possam ser lançados no espaço para missões de exploração de novos corpos celestes sem que entrem em rota de colisão com qualquer um deles.

Nós e os cientistas da NASA descobrimos que falta um dia no calendário universal. Envolvido nesta pesquisa, pude presenciar uma descoberta fantástica: falta um dia na história do universo!"

Os engenheiros da NASA colocaram os dados no computador para que ele determinasse a posição exata dos astros, tanto no passado quanto no futuro, e então surgiu um impasse. O computador subitamente interrompeu o programa e mostrou no écran um aviso de que havia algo errado nos números que lhe serviram de base para os cálculos.

Um crente que fazia parte da equipe lembrou-se de que Josué, segundo os textos sagrados, certa ocasião ordenara ao Sol que parasse e contou o episódio aos seus colegas. Ninguém acreditou.

O cientista, ao ser desafiado, pegou na Bíblia e mostrou Josué 10:12 "Então Josué falou ao Senhor, no dia em que o Senhor entregou os Amorreus nas mãos dos filhos de Israel; e disse, na presença dos Israelitas: Sol, detêm-te sobre Gibeom, e tu, lua, no vale de Aijalom". Josué pediu a Deus que o Sol parasse.

Resolveram colocar esses novos dados nos computadores. O período que faltava no tempo por causa do pedido de Josué era de 23 horas e 20 minutos; não era, portanto, um dia inteiro, conforme garantiam os computadores da NASA.

• Com esse resultado, os cientistas voltaram ao livro de Josué e acharam o capítulo 10 versículo 13: "O Sol, pois, se deteve no meio do céu, e não se apressou a pôr-se, quase um dia inteiro".

• Aquele cientista crente lembrou-se de outra passagem bíblica que mencionava outro episódio a respeito do sol. Dessa vez o astro maior teria regredido no tempo. Todos foram para consultas bíblicas, chegaram ao seguinte texto: II Reis, 20:8-11, "Ezequias disse a Isaías: Qual será o sinal de que o Senhor me curará, e de que ao terceiro dia subirei à casa do Senhor?"

Respondeu Isaías: "Ser-te-á isto da parte do Senhor como sinal de que Ele cumprirá a palavra que disse: Adiantar-se-á a sombra dez graus, ou os retrocederá?" Disse Ezequias: "É fácil que a sombra decline dez graus; tal, porém, não aconteça, antes retroceda dez graus. Então o profeta Isaías clamou ao Senhor; e fez retroceder dez graus a sombra lançada pelo sol declinante no relógio de Acaz."

Ficaram todos em silêncio naquele momento. A incredulidade foi fulminada pelas palavras de um livro milenar, muitas vezes

ignorado. Dez graus são exatamente 40 minutos que, somados às 23 horas e 20 minutos do tempo utilizado por Josué, formam precisamente as 24 horas (um dia) em falta nos nossos cálculos.
(Texto extraído de depoimento do Dr. Harold Hill e adaptado pela Revista Plenitude nº 13, enviado por Paulo Henrique Vieira).

A Bíblia é o livro de ensinamento para os cristãos e o mapa do caminho para a vida eterna, com Deus.
Que sejamos portadores da palavra de Deus, que ela contém!

QUEM SOMOS NÓS

O ser humano tem uma longa jornada a percorrer. E como tal, precisa conhecer quem ele é e como funcionam as potencialidades com as quais contará para o seu aperfeiçoamento.

Se fôssemos apenas máquinas, teríamos um manual a que recorrer. Mas somos pessoas criadas por um Deus supremo, que nos fez à sua imagem e semelhança. Portanto, com uma grande complexidade, somente desvendada pelo Criador, o que nos leva à necessidade de estudar a sua Palavra.

Deus nos fez espírito, alma e corpo. Cada um com sua forma de agir na constituição do nosso ser. Buscarmos conhecer um pouco desse assunto é altamente necessário para o nosso autoconhecimento. E facilita a busca de progressão rumo à imagem do nosso Criador.

Para atingirmos a maturidade espiritual, precisamos distinguir os significados de espírito, alma e corpo.

Paulo diz:

> *"O mesmo Deus da paz vos santifique em tudo; e o vosso espírito, alma e corpo sejam conservados íntegros e irrepreensíveis na vinda de nosso Senhor Jesus Cristo."*
> **(I Tessalonicenses 5:23)**

Essa é a sequência mencionada por Deus.
O espírito, que nos leva à comunicação com Ele.
A alma, intermediária entre espírito e corpo.
O corpo, que recebe a influência deste mundo.
Somente o Espírito Santo poderá nos guiar neste estudo, mas é preciso que o busquemos com fé, amor, humildade e muito desejo de apreender.

ESPÍRITO

"O espírito do homem é a lâmpada do Senhor, a qual esquadrinha todo o mais íntimo do corpo." **(Provérbios, 20:27)**

É o que vivifica o ser humano. O nosso fôlego de vida, segundo a Bíblia. É a fonte pela qual recebemos a Palavra de Deus.

Aqui vemos que o Espírito Santo fala com o nosso espírito humano, através da revelação sobrenatural. Por onde Deus comunica ao nosso espírito a sua verdade e conhecimento, tornando-os claros e compreensíveis a nós. E esse espírito humano à nossa mente, consequentemente à nossa alma.

"Deus é Espírito, e é necessário que os seus adoradores o adorem em espírito e em verdade." **(João 4:24)**

A Bíblia afirma que é possível conhecer Deus, mas que isso só acontece através do nosso espírito.

"Ora, a pessoa natural não aceita as coisas do Espírito de Deus, porque lhe são loucura. E ela não pode entendê-las, porque elas se discernem espiritualmente." **(I Coríntios 2:14)**

Por isso, a importância do Espírito Santo em nós. Ele nos guia através do nosso espírito. Se não atentarmos a sua voz, como seremos guiados?

Notamos nas cartas de Paulo a importância que ele dava à revelação de Deus na vida dos cristãos. A Palavra revelada edifica as pessoas e a fé se manifesta espontaneamente. A unção do Espírito Santo se manifesta!

A alma não se comunica diretamente com Deus, essa função é do nosso espírito, porque Deus é Espírito.

Considero de extrema importância o conhecimento da função do espírito no homem. É ele o responsável direto por nossa conexão com Deus. Está em constante ação, nos levando a perceber as coisas divinas, a vontade de Deus.

Portanto, precisamos dar a primazia ao nosso espírito, procurarmos abrir os canais do nosso entendimento a ele, respeitá-lo como o bem maior de nosso ser. Ele é o nosso guia e luz para levar-nos à eternidade com Deus, e estará sempre disponível à nossa busca.

Watchman Nee escreveu *The Spiritual Man*, um dos mais famosos livros cristãos do mundo. Como ninguém, ele fala sobre as peculiaridades do espírito, da alma e do corpo:

> *"De acordo com o ensino da Bíblia e a experiência dos cristãos, podemos dizer que o espírito humano possui três funções principais: consciência, intuição e comunhão. A consciência é responsável pelo discernimento. Ela é capaz de distinguir entre o certo e o errado. Isso não se dá, porém, pela influência do conhecimento acumulado na mente, mas por um julgamento espontâneo e direto. Frequentemente o raciocínio procura justificar atos e atitudes que nossa consciência julga errados. O trabalho da consciência é independente e direto, ela não se curva às opiniões exteriores. Se alguém comete um erro ela logo levanta a voz de acusação. A intuição é o lado sensitivo do espírito humano. É completamente diferente das sensações físicas e da sensa-*

ção da alma, também chamada de intuição. A intuição do espírito envolve um sentimento direto e independente de qualquer influência externa. O tipo de conhecimento que obtemos, sem nenhuma participação da mente, da emoção ou da vontade vem através da intuição. Na realidade é por meio dela que 'conhecemos' tudo. A mente simplesmente nos ajuda a 'entender'. O cristão tem ciência das revelações de Deus e de todo o mover do Espírito Santo por intermédio da intuição. Devemos, portanto, estar atentos à voz da consciência e ao ensino da intuição. A comunhão é adoração a Deus. As faculdades da alma são incapazes de adorar ao Senhor. Nossos pensamentos, sentimentos e intenções não podem ter percepção de Deus. Somente o espírito pode ter um conhecimento direto dele. Nossa adoração a Deus e toda comunicação de Deus para conosco ocorre diretamente no espírito. Acontecem no 'homem interior', não na alma, nem no homem exterior." **(Tradução da versão inglesa do original chinês, *The Spiritual Man*. Christian Fellowship Publishers, Inc. 1968, página 32. Edições Parousia. 1986)**

No espírito temos a consciência, a intuição e a comunhão.

Consciência
Paulo diz:

"...não tive tranquilidade no meu espírito." *(II Cor. 2:13)*

Consciência é a aptidão que tem o espírito de perceber claramente a distinção entre o certo e o errado, ultrapassando os critérios da mente. É o senso de moralidade que herdamos de Deus. Ela impulsiona a pessoa a voltar atrás em algo que realizou, mesmo em prejuízo próprio. Poderíamos dizer que a consciência está ligada à fiscalização do Espírito Santo em nós.

Intuição

"Porque qual dos homens sabe as coisas do homem, senão o seu próprio espírito, que nele está?" ***(I Cor. 2:11)***

Intuição é o que leva o espírito ao reconhecimento de alguma coisa sem a interferência da mente ou da emoção. Deus fala conosco e nos faz revelações através da intuição espiritual. Da mesma forma também nos são comunicadas as ações do Espírito Santo. Quanto maior é o nosso contato com Deus, quanto mais atentos estivermos à sua voz e aos seus sinais, tanto mais expressiva será a nossa intuição.

Essa faculdade do espírito se manifesta de algumas formas, tais como algo que nos impulsiona a tomarmos alguma atitude, independentemente do conhecimento ou da vontade da mente; ou, ao contrário, algo que nos constranja a não executarmos alguma coisa, mesmo que a nossa mente queira nos levar a tal atitude.

Comunhão

"Os verdadeiros adoradores adorarão o Pai em espírito e em verdade." ***(João, 4:23)***

"Aquele que se une ao Senhor é um espírito com Ele." ***(I Cor. 6:17)***

A comunhão com Deus é a coisa mais linda que o ser humano pode experimentar, quando nos leva à intimidade com Ele. É quando o sentimos tão próximo que perdemos a noção do tempo e do espaço, e nossas lágrimas correm soltas, descontroladamente, livres de motivos, desconectadas das emoções...! E ele chega tão pertinho... tão vivo... tão nosso... tão amoroso...e nos inunda com a verdadeira unção do seu Espírito. Então deitamos nossas cabeças no seu colo...e ficamos ali..., quietinhos, sem nada pedir...apenas adorando-o e usufruindo daquele tempo de paz que nos leva ao seu sobrenatural.

ALMA

Na alma se localizam a nossa vontade, a emoção e a mente, muitas vezes em luta, pela disputa de suas verdades. Ela expressa a nossa individualidade. Se a alma quiser obedecer a Deus, então permitirá que o espírito a governe, conforme a verdade e os ordenamentos de Deus. Mas também poderá optar por reprimir o espírito e submeter-se à vontade da carne, satisfazendo-se com os prazeres do mundo e levando o homem a viver fora dos princípios de Deus.

É a sede do livre-arbítrio. A alma é receptiva e analítica. Seleciona as influências boas e as más que recebe. Dela deriva a prevalência do espírito ou do corpo sobre o nosso ser, conforme qual deles mais alimentamos.

A alma deve ser cultivada para que alimente as coisas boas que recebe e assim proporcione a nossa felicidade, também neste mundo. Atrevo-me a dizer que ela precisa ser educada pelo discernimento e sabedoria advindos de Deus, por nossa vontade alicerçada na verdade divina.

Uma alma onde prevalecem o mal, os sentimentos negativos, como o ódio, a mágoa, a inveja, o desamor, o arbítrio próprio dos maus julgamentos, a prepotência, o orgulho, a idolatria do ego, a mentira entre outros, provenientes de um mundo em decadência, pode gerar a infelicidade e a morte de uma pessoa. Além de que será uma péssima influência à sociedade em que vive.

A alma tem um papel importante na formação da personalidade do ser humano e no seu destino eterno. Vendo-se desse ângulo, parece que seria a autoridade máxima do nosso ser, mas isso não é verdade, pois ela não tem o conhecimento do espírito, nem a ligação desse com Deus.

Vontade

> *"Ora, o mundo passa, bem como a sua concupiscência; aquele, porém, que faz a vontade de Deus permanece eternamente."* **(II Pedro 1: 21a)**

> *"Porque nunca jamais qualquer profecia foi dada por vontade humana."* **(Efésios, 2:3)**

Ao comentar sobre a vontade, faz-se necessário distinguir entre a vontade do homem e a vontade de Deus. A primeira reside na nossa alma, a segunda, pertence a Deus. E se comunica conosco pelo nosso espírito.

A vontade humana é a sede das nossas decisões. Seu comando deriva do nosso livre-arbítrio. Inclusive a decisão de pecar ou não é estabelecida pela vontade.

A vontade humana nos leva à ação e nos impulsiona a tomar decisões baseadas em nossa razão. Por ela, escolhemos entre o bem e o mal, entre atitudes que nos enriquecem o corpo ou o espírito. Pode nos levar a optar entre a satisfação da carne, neste mundo, ou ao regozijo do espírito, em Deus.

Jesus disse, na noite em que ele foi traído, quando estava orando no Monte das Oliveiras, no Jardim Getsêmani:

> *"Pai, se possível, afasta de mim este cálice; contudo não se faça a minha vontade e sim a tua."* **(Mateus 26:39)**

Mais uma vez vemos o lado humano de Jesus, demonstrando o seu sofrimento aqui na Terra. O homem eleva-se a Deus pelo espírito. E pode anular a sua vontade em prol da vontade divina.

Mente

"Até quando estarei eu relutando dentro de minha alma?" ***(Salmos.13:2)***

Na mente, estão a razão e a inteligência. Também nela está a nossa capacidade de pensar, tirar conclusões, fazer escolhas. A razão baseia-se em dados lógicos. A inteligência é a terra onde plantamos a cultura.

Emoção

"A minha alma está profundamente triste." ***(Mateus 26:38)***

As emoções...ah, as emoções...aquela parte sensível que nos leva da alegria, do colorido da vida, da mais linda expressão da beleza, do sorriso que reflete a luz da alma, ao sentimento mais triste da dor, da desesperança, da frustração, da depressão, que termina por afetar todo nosso ser.

Elas estão no nosso sistema límbico, unidade responsável pelas emoções e comportamentos sociais e reagem aos estímulos externos. Tropeçam em possíveis traumas internos dos quais somos portadores, acionando os nossos sentimentos. Então, afetam nossos comportamentos, fazendo-nos alegres ou tristes. E, se descontroladas, podem nos levar até ao caos do desequilíbrio comportamental.

Os nossos sentimentos, se fortes, saudáveis e bem resolvidos, nos levam à felicidade. Porém, se frágeis, doentes e mal resolvidos, constituem um empecilho para sermos felizes.

Mas e se não fossem elas, as emoções...?! O que seria de nós sem esse componente que nos possibilita ver a beleza da vida, propagar a alegria, amar...!!!?

CORPO

É a parte exterior do homem, que contata com o mundo material e dele pode colher inverdades que contrariem o espírito.
O corpo que agora temos é apenas a nossa morada terrestre. Quando estivermos no céu, com Deus, receberemos um corpo celestial.

> *"Pois sabemos que, se a nossa casa terrestre deste tabernáculo se desfizer, temos da parte de Deus um edifício, uma casa não feita por mãos humanas, eterna, nos céus."* ***(II Coríntios 5:1)***

O corpo possui três importantes qualidades:

Percepção
É a qualidade que o corpo tem de assimilar informações do mundo exterior, através dos cinco sentidos: a visão, o olfato, o tato, a audição e o paladar.

Manifestação
É a faculdade que leva o corpo a externar os pensamentos, as emoções e as decisões da alma. Expressa-se pela fala e a linguagem corporal.

Instinto
É a manifestação automática do corpo aos estímulos externos. Exemplos: instinto de vida, instinto maternal, instinto sexual, instinto de defesa, além de outros organismos instintivos próprios do nosso corpo, como o sistema respiratório, o sistema circulatório, o sistema digestivo, cujo trabalho harmônico é responsável pela nossa vida.

Ainda Watchman Nee:

> "É através do corpo físico que o homem entra em contato com o mundo material. Portanto podemos defini-lo como o elemento que nos possibilita ter conhecimento do mundo. A alma compreende o intelecto (que nos ajuda na presente existência) e as emoções (que procedem dos sentidos). A alma pertence ao próprio ego do homem e revela sua personalidade, por isso é denominada de autoconsciência. É através do espírito que temos comunhão com Deus e somente por ele podemos compreendê-lo e adorá-lo. Por isso se diz que ele é o elemento que nos confere consciência de Deus. Deus habita no espírito; o eu, na alma; e os sentidos, no corpo."
> **(Tradução da versão inglesa do original chinês, *The Spiritual Man*. Christian Fellowship Publishers Inc. 1968. Edições Parousia 1986)**

Teríamos aqui um questionamento a fazer: Qual é a essência do homem? Onde se revela nele a imagem de Deus?

Cremos que o homem é a imagem e semelhança de Deus, na sua natureza essencial, o seu espírito.

Quando o espírito influencia a alma, está trazendo ao homem a sua verdadeira essência espiritual, ligada a Deus. Quando o corpo traz à alma informações mundanas, frutos de valores corrompidos, sem conteúdo divino, está influenciando através da vontade degradada. E a alma levará o homem a viver sob o alimento que mais recebe, do bem ou do mal.

O nosso corpo é a morada temporária, através da qual recebe e revela o seu ser, enquanto neste mundo. E a alma, a união dos dois, onde são processadas as informações e influências do mundo, pelo seu corpo exterior, e de Deus, pelo seu espírito.

O nosso desejo deve ser que a vida de Jesus se manifeste também em nossa carne mortal. Precisamos educar o nosso comportamento para que ele não impeça a presença do Espírito Santo em nós.

> *"Temos, porém, este tesouro em vasos de barro, para que a excelência do poder seja de Deus e não de nós. Em tudo somos atribulados, porém não angustiados; perplexos, porém não desanimados; perseguidos, porém não desamparados; abatidos, porém não destruídos; levando sempre no corpo o morrer de Jesus, para que também a sua vida se manifeste em nosso corpo. Porque nós, que vivemos, somos sempre entregues à morte por causa de Jesus, para que também a vida de Jesus se manifeste em nossa carne mortal."* **(II Coríntios 4:7-11)**

Creio que em nossa vida neste mundo, devemos ter como objetivo principal a busca da salvação eterna e o caminho que nos leva a ela.

> *"Jesus disse: Eu sou o caminho, a verdade e a vida; ninguém vem ao Pai senão por mim."* **(João 14:6)**

Infelizmente, por ainda vivermos neste mundo, muitas vezes tendemos a ouvir o que satisfaz os nossos sentidos, os desejos destemperados da nossa carne, as coisas mais visíveis e audíveis aos nossos olhos e ouvidos carnais, impedindo-nos de ouvir a voz sutil do Espírito Santo.

E o Espírito Santo é aquele companheiro amigo que está dentro de nós, sempre indicando a verdade para os quais quiserem ouvir a sua voz.

PODEMOS ADMINISTRAR A ALMA?

Sim, podemos. Mas é um caminho difícil. Nossa responsabilidade. Vamos enfrentá-lo? Então chamemos o Espírito Santo, pois só Ele nos poderá ajudar.

Cubra-se com o Sangue de Jesus.

E vista-se com a Armadura de Deus:

- O cinturão da verdade
- A couraça da justiça
- A sandália do Evangelho da Paz
- O escudo da fé
- O capacete da salvação
- A espada do Espírito Santo.

E assim cobertos e vestidos, vamos a este tema muito importante.

Nós já dissemos que a alma recebe informações do espírito e do corpo.

Do espírito, porque ele está em conexão com Deus, nos levando a perceber as coisas divinas, os verdadeiros valores, a verdade absoluta.

Do corpo, porque esse é o nosso contato exterior com o mundo, aqui na Terra. E dentre as coisas boas que este mundo nos

proporciona, também nos chegam as informações más que vêm denegrir a nossa alma.
A alma capta e seleciona as informações que recebe. Então dela deriva a prevalência do espírito ou do corpo sobre o nosso ser.
E como isso funciona?
Entendo que não se deve apontar o problema, sem trazer a solução.
A palavra impositiva é infrutífera, sem a base do conhecimento.
Como fazer para que a nossa alma se incline mais para o espírito, sabendo-se que é ele que nos levará ao caminho certo de Deus?

> *"Os que vivem segundo a carne se inclinam para as coisas da carne, mas os que vivem segundo o Espírito se inclinam para as coisas do Espírito."* **(Romanos 8:5)**

Na alma estão vontade, mente e emoção, cada uma com as suas peculiaridades.

Vamos falar sobre a mente onde estão os nossos pensamentos, através dos quais sofremos constantes ataques de satanás. E, infelizmente, quantas vantagens ele termina levando nesse campo.

Pensamentos são formados por conexões neurais. O nosso córtex cerebral, a parte mais superficial do cérebro, desempenha os papéis principais do pensamento, pois é ali que eles são elaborados e se tornam conscientes. Texto colhido do artigo "Como o cérebro pensa e onde ocorre o pensamento", de autoria da doutora Lucianne Simonetti.

A nossa mente precisa ser constantemente vigiada, para que tenha condições de se defender das armadilhas do diabo. Quanto mais próximos de Deus estivermos, mais Ele poderá nos proteger.

> *"Porque as armas da nossa luta não são carnais, mas poderosas em Deus, para destruir fortalezas, anulando os sofismas e toda a altivez que se levante contra o conhecimento de Deus, e levando cativo todo pensamento à obediência de Cristo."* **(II Coríntios 10:4,5)**

Quando satanás se aproxima de nós, ele vai direto aos nossos pensamentos. Lá ele coloca uma dúvida:

Será que realmente está errado ir a um bar beber...? Afinal as pessoas precisam de descontração, de espairecer os seus problemas... Que mal faz um pilequezinho de vez em quando?

Se você for firme em suas convicções e disser: essa não é a maneira que eu tenho de resolver os meus problemas, não quero anestesiar, mas sim enfrentar e resolvê-los. Nesse caso, ele deixa de perturbá-lo, pois afasta-se da sua convicção.

Se, porém, souber que você está relutante e pensando sobre a dúvida que ele lançou, continuará insistindo e você cairá direitinho.

Decidirá ir ao bar. Vou beber só um copo, mas... terminará inconsciente, completamente bêbado, pois satanás já viu que pode influenciá-lo, então criará situações que o levarão a esse estado.

Em se tratando de enfermidades, o diabo pode agir de maneiras terríveis nas pessoas, levando-as até a morte. Ele colocará no pensamento as sugestões de uma doença.

Leva a pessoa ao medo, ela já começa sentir uma dor... aparece o nome da doença...então os outros sintomas característicos começam a surgir...ele vê que conseguiu e continua sugerindo os males que aquela enfermidade pode causar...a pessoa vai ficando sugestionada e pode até ir a óbito.

Como reagir a isso? Quando você começa a sentir uma dor, já expulse o diabo com a bagagem suja dele. Seja firme e ele terá que ir embora.

Saiba que a enfermidade entrou no mundo juntamente com o pecado, quando houve a desobediência no Éden. Ela não foi criada por Deus, portanto não nos pertence. Lute, não se entregue, assumindo-a como sua, pois ela não lhe pertence.

Nos relatos sobre Jesus, você já viu alguma doença nele? Nós fomos feitos à sua imagem e semelhança.

> *"Sujeitai-vos, pois, a Deus; mas resisti ao diabo e ele fugirá de vós."* **(Tiago 4:7)**

Não esqueça, resista ao diabo, não se deixe vencer por ele, pois maior é aquele que está em nós.

> *"Porque o pecado não terá domínio sobre vós, pois vós não estais debaixo da lei, e sim da graça."* **(Romanos 6:14)**

Precisamos, também, cuidar do nosso ego. Ele pertence à mente e necessita de reconhecimento, geralmente buscando-o no mundo.

> *"Porque, pela graça que me foi dada, digo a cada um de vocês que não pense de si mesmo além do que convém. Pelo contrário, pense com moderação, segundo a medida da fé que Deus repartiu a cada um."* **(Romanos 12:3)**

A vaidade e o orgulho são características pessoais que podem nos atacar e nos tirar a visão da verdade de Deus.

Precisamos atentar às formas enganosas e sutis com que o demônio trabalha em nós. Ele é a própria mentira.

Um dos seus principais objetivos é a destruição da família, pois essa é a célula mater da sociedade. Destruindo as famílias, ele destrói a sociedade.

E como ele age nesse aspecto? Usando o adultério. Desmanchando os relacionamentos, e dispersando os membros da família. Nisso ele destrói valores e origina sofrimentos e dor, o que bem sabe fazer.

E por que usa principalmente o adultério? Porque é o que mais se adéqua à sua maneira de agir. Pessoas bonitas e atraentes que vão se infiltrando na vida do casal, captando o interesse desse casal e matando o amor que sustentava o lar. E mais uma família é destruída.

A luta constante de satanás é afastar-nos de Deus e trabalhar para levar-nos com ele à perdição eterna. Por isso precisamos estar cada vez mais firmes com o Senhor, orando, amando-o, aproximando-nos dele, conhecendo a sua Palavra, o que é muito importante. Pois como segui-lo e obedecê-lo se não o conhecermos?

Necessitamos ter a Palavra na mente e no coração, para recorrer a ela sempre que precisarmos. Para que isso aconteça é preciso permitirmos ao Espírito Santo que nos renove com a Verdade. A Palavra de Deus é a Verdade.

> *"Guardei no coração a tua Palavra para não pecar contra ti."*
> **(Salmos 119:11)**

Quando Jesus foi tentado por satanás, no deserto, logo após seu batismo no rio Jordão, ele usou a Palavra para se defender.

> *"Então o diabo disse a Jesus: Se você é o Filho de Deus, mande que esta pedra se transforme em pão. Mas Jesus lhe respondeu: Está escrito: o ser humano não viverá só de pão." Então o diabo o levou para um lugar mais alto e num instante lhe mostrou todos os reinos do mundo. E disse: Eu lhe darei todo este poder e a glória destes reinos, porque isso me foi entregue, e posso dar a quem eu quiser. Portanto, se você me adorar, tudo isso será seu. Mas Jesus respondeu: Está escrito: "Adore o Senhor, seu Deus, e preste culto somente a Ele."* **(Lucas 4:3-8)**

Versículos bíblicos são armas poderosas contra o diabo. São sentenças de Deus que acabam com ele. Por isso Jesus respondia: "Está escrito". Satanás conhece a Palavra e sua autenticidade, pois ele foi um anjo caído, que pecou e foi expulso do céu por Deus.

Você segue um líder se não o conhece, nem sabe como ele pensa?

Às vezes as pessoas têm dificuldade em distinguir a voz do Espírito Santo e as investidas de satanás. Ficam em dúvida se algo vem de Deus ou do inimigo. Vamos falar sobre esse assunto que é de grande importância.

O Espírito Santo está presente no íntimo do homem de Deus e se manifesta sempre que for chamado.

A voz do Espírito Santo é calma, coerente, firme e amorosa. Ela chega a nós para nos ensinar, nos indicar os caminhos que devemos seguir, dar-nos as soluções claras de problemas que nos afligem. Ela comunica paz aos nossos corações.

Bem diferentes, porém, são as tentativas persuasivas do diabo. Quando esse vem falar às pessoas, sua mensagem vem cheia de dúvidas e incertezas. Causa confusão. Não é convicta do certo e do errado. Faz eco nos sentimentos de raiva, ódio e vingança. Envolve a sua vítima nos apelos das forças do mal e a faz sentir-se revoltada, injustiçada e triste.

Se você ainda tiver dúvidas, ore e peça ao Espírito Santo que testifique a sua Palavra. E ele fará isso. De repente, você receberá a mesma mensagem por alguém, pela Bíblia, rádio, televisão ou outro meio de comunicação.

Falamos sobre os ataques de satanás pela mente, mais especificamente pelos pensamentos.

Vamos ver agora como ele tenta criar obstáculos às nossas emoções, para desviar-nos do caminho certo a Deus.

É necessário sabermos o que é emoção. E a sua diferença de sentimentos.

As emoções, conforme já falamos aqui, mas acho necessário reforçar, se originam no sistema límbico, situado no cérebro, responsável pelas emoções e comportamentos sociais. É uma região formada de neurônios, células que formam uma massa cinzenta, a qual se denomina lobo límbico. Esse lobo está relacionado ao comportamento emocional e ao processamento da memória.

De acordo com a Sociedade Brasileira de Inteligência Emocional, emoções são um conjunto de respostas químicas e neurais baseadas nas memórias emocionais, e surgem quando o cérebro recebe um estímulo externo. O sentimento, por sua vez, é uma resposta à emoção e diz respeito a como a pessoa se sente diante daquela emoção.

Diferença entre emoção e sentimento:

- As emoções são reações inconscientes decorrentes de acontecimentos.
- Os sentimentos são reflexos das emoções. Variam de pessoa para pessoa, conforme suas experiências, personalidade, cultura e criação.
- Emoção vem do latim *ex movere*, mover para fora.
- Emoção é uma sensação física e emocional, provocada por algum estímulo, interno ou externo. Um fato ou uma circunstância.
- As emoções causam sentimentos inconscientes que ficam gravados no cérebro e se expressam conforme a sensação causada pela emoção. Podem variar de pessoa a pessoa, conforme programações que tragam em suas memórias.
- As emoções provocam os sentimentos. É preciso que sejam investigadas as causas desses para evitar memórias ruins e prejudiciais às pessoas. Vimos isso, estudando o perdão. Ao perdoarmos, anulamos os sentimentos perniciosos que uma pessoa ou situação nos trazia. E não vamos mais sofrer quando nos depararmos com uma pessoa ou situação assim.
- As emoções individuais são temporárias. Os sentimentos que elas produzem podem durar ao longo da vida.
- Entre os vários tipos de emoção, eu destaco a alegria, a tristeza, a felicidade, o medo, a raiva, o afeto e a aversão.
- É a emoção que faz uma pessoa reagir diante de um acontecimento. Leva a alterações físicas como alteração da respiração, choro, vermelhidão e tremores.
- As emoções são reflexos inconscientes do ser humano e os sentimentos são mais conscientes e relacionados à avaliação das emoções.

Falamos sobre a mente e sobre as emoções, mas ainda é preciso nos referirmos ao nosso livre-arbítrio.

Discorremos sobre os ataques do diabo contra nós e como fazer para reagir a ele. Agora, porém, devemos pensar na autorresponsabilidade sobre o nosso livre-arbítrio.

Geralmente o cristão atribui ao diabo todos os seus erros, mas a realidade não é essa. Deus nos fez à sua imagem e semelhança, e colocou em nossa composição a vontade própria, a qual chamamos de livre-arbítrio. E isso nos leva à decisão de nossas ações, certas ou erradas.

Ao optarmos por seguir a Jesus, somos levados a conhecer a verdade, oriunda da sua Palavra. E ao conhecê-la, devemos segui-la, se quisermos ter a certeza do caminho certo à nossa felicidade, também além deste mundo.

No entanto, muitas vezes, sabemos o que devemos fazer, mas agimos de maneira errada em prol da satisfação de nossos desejos ou da letargia de nossa vontade. E ainda não temos depreciar a inteligência divina, desculpando os nossos erros.

Por exemplo: sair da zona de conforto para cumprir um mandamento bíblico. Procuramos até na própria Bíblia as nossas desculpas como: não, este não é o meu ministério, portanto não vou orar por cura, porque não tenho esse dom, não é da minha competência salvar almas, porque não sou evangelista, não posso levar a Palavra, pois não estou preparado, mas sou um bom cristão, porque não infrinjo os mandamentos, não mato, não roubo, não adultero...

Paixão - sei que estou me apaixonando por alguém errado. Isso poderá levar a um relacionamento nocivo à minha vida. Sei que a pessoa é comprometida, casada, tem uma família. Ou então que é criminosa, sem escrúpulos. Ou leva uma vida totalmente diferente dos valores nos quais acredito. Entre outras possibilidades de erros.

Tenho dois tipos de posicionamento a tomar: 1 – afastar-me, desde o início de qualquer vislumbre de paixão errada, e cortar o mal pela raiz; 2 – seguir alimentando aquele relacionamento, sabendo que está errado e sabotando-me com a desculpa de que quem sabe as coisas vão mudar...

A escolha é nossa. Onde está o nosso livre-arbítrio?!

Se somos feitos à semelhança de Deus, devemos honrá-lo. Tomar decisões como pessoas fortes e não alimentar as nossas fraquezas de coitadinhos.

Sermos autorresponsáveis, tomando a posição de vencedores, em vez de nos vitimizarmos. Devemos aprender com os erros e não os justificar.

É preciso buscar o autoconhecimento e conhecer os porquês de nossas ações, tantas vezes instintivas. Certamente isso irá nos ajudar a compreender e controlar as nossas emoções, ou os sentimentos causados por elas, sem o que, são elas que vão nos controlar.

A mentira, cuidado com ela! É um fator decisivo para sua salvação eterna. E Deus a abomina.

A mentira é algo de grande importância, porque é tremendamente nociva à nossa formação.

Ela vai enfraquecendo a nossa personalidade, tornando-nos pessoas falsas, desestruturando os nossos alicerces e destruindo a nossa imagem.

E é tão perniciosa, que sua prática vai se introduzindo em nós e termina criando novas verdades, nossas verdades, que interferem na nossa visão da realidade.

Ninguém pode firmar-se na fé alicerçando-se na mentira.

E não falo aqui sobre grandes mentiras, mas daquelas mentirinhas cotidianas, como: diz que não estou em casa... receber ordens no trabalho, não cumprir e dizer que já executou...; justificar os seus erros e não assumir, eu fiz isso porque...; subestimar a inteligência do seu interlocutor, tentando convencê-lo das inverdades mais visíveis...

Há um versículo bíblico que diz:

> *"Apanhai-me as raposas, as raposinhas, que devastam os vinhedos, porque as nossas vinhas estão em flor."* **(Cantares 2:15)**

Aqui, Salomão não se refere aos animais grandes, pois manter animais grandes longe da vinha era mais fácil do que afastar os pequenos, que trabalham à noite e conseguem ser furtivos.

As mentiras pequenas vão estragando os mais variados relacionamentos humanos.

E nos afastando da verdade infinita de Deus.

O Senhor não pode assumir o comando das nossas vidas, se as nossas más ações conscientemente nos dominarem. Ele respeita o nosso livre-arbítrio.

Há pessoas que têm como parâmetros de suas vidas a sua satisfação pessoal. Só conseguem se realizar com o que satisfaça as suas vontades e sentimentos. Só sei ficar em uma relação se estou apaixonado...Tenho direito de ser feliz... E seu sentimentalismo resulta em famílias destruídas, casamentos desfeitos, fracassos profissionais e muita infelicidade.

Não sabem o que é felicidade, responsabilidade e muito menos Deus.

Devemos entender que todas as nossas ações nos trarão consequências, boas ou más. Se boas, amém, se más, que nos sirvam de aprendizado.

E não esquecer que Deus perdoa os pecados, mas não anula as consequências.

Em nenhum momento desqualifico a importância das emoções nas nossas vidas. Sem elas seríamos apenas máquinas movidas pela tecnologia. Não teríamos a beleza inserida nas nossas vidas. Não conheceríamos o amor. Nem a alegria, que é a energia vital do nosso ser.

Mas apenas procurei mostrar a relevância do equilíbrio dos elementos que nos compõem, espírito, alma e corpo.

Que Deus, com seu amor infinito, nos ajude nesta caminhada, rumo à felicidade e à salvação eterna.

CURA DA ALMA E DO CORPO

> *"Certamente, ele tomou sobre si as nossas enfermidades e as nossas dores levou sobre si; e nós o reputávamos, por aflito, ferido de Deus e oprimido. Mas ele foi traspassado pelas nossas transgressões e moído pelas nossas iniquidades; o castigo que nos traz a paz estava sobre ele, e pelas suas pisaduras fomos sarados."* **(Isaías 53:4,5)**

O profeta Isaías proferiu essas palavras proféticas 700 anos antes de Cristo. Ele estava se referindo ao sacrifício de Jesus, na cruz, pela salvação da humanidade e às graças que o Senhor trouxe a este mundo, com a realização da Nova Aliança com Deus. Entre elas, a cura.

Eu quero falar com quem carrega o peso de uma enfermidade no corpo e uma dor, quiçá dilacerante, na alma. Mas, especialmente, com você que perdeu a esperança e se acha imerecedor da graça de Deus.

Um dia Deus mandou seu Filho unigênito ao mundo, morrer pelos nossos pecados, para que através do seu sacrifício tivéssemos a salvação eterna. Estará escrito, em algum livro da Bíblia, o Livro Sagrado do Senhor, a especificação por qual tipo de pessoa, raça ou povo ele morreu? Haveria Deus, o Ser Perfeito, exposto o seu Filho a tão árduo sacrifício apenas por algumas classes de pessoas? E o pior, agiria ele em desacordo com a sua Palavra que diz:

> *"Porque para com Deus não há acepção de pessoas."*
> **(Romanos 2:11)**

Jesus não olha o seu exterior, Ele olha o seu coração, não para acusá-lo, mas para perdoá-lo, curá-lo e dar-lhe a paz que só Ele pode dar. O perfume de Jesus visa o seu coração, para de lá irradiar-se a todo o seu ser.

1- Cura da alma

Se pudéssemos ver o interior das pessoas como vemos o exterior, ficaríamos surpreendidos com o grande número de doenças da alma.

Muitas vezes, vê-se um corpo bem vestido, uma imagem linda de um homem ou de uma mulher, sente-se um perfume delicioso e imergimos em um belo sorriso. Pois é assim que o ser humano enfrenta a vida neste planeta, fingindo o que não é, comunicando uma segurança que não tem, para conquistar o que necessita.

No entanto, seria bom se pudéssemos enxergar as almas deformadas que carregam as feridas, a paralisia dos sentimentos, o medo, a insegurança que enfraquece, a desesperança, fruto da falta de fé, em nós, na vida e em Deus.

São pessoas traumatizadas por acidentes existenciais. Perdas, separações, divórcios, prisões, morte de alguém, ideais frustrados, fracassos profissionais e sentimentais.

No entanto, quantas vezes nos deparamos com pessoas simples, com a aparência feia aos olhos do mundo, roupas surradas, rostos sem pintura, mãos sem anéis, cabelos sem forma e, ao falar com elas, sentimos a doçura de alguém que traz em si a unção do Espírito Santo e o amor de Jesus?

Jesus disse, em João 16:33:

> *"No mundo tereis aflições, mas tende bom ânimo. Eu venci o mundo."* **(João 16:33)**

Encontramos dificuldade de sobrepujar a nossa fragilidade humana e vencer nossas perdas, dores e tribulações, deixando que elas se transformem em ressentimentos, mágoas, culpas, tornando-nos impossibilitados de viver a paz, o amor e a alegria, tantas vezes tão perto de nós.

E no coração cria-se um vazio existencial que sem a devida orientação do Espírito Santo, fica à deriva do sofrimento e da dor, exposto à entrada de brechas favoráveis aos ataques do maligno.

Há momentos em que temos premente necessidade de mudar a rota do nosso comportamento humano. Isso acontece quando sentimos a proximidade do caos.

Existe um dado estatístico que diz: 90% dos fatos que nos fazem sofrer já passaram ou ainda não aconteceram. Então podem ser mudados por circunstâncias e situações novas. Quanto sofrimento desnecessário às nossas emoções!!!

Há coisas que não podemos evitar nas nossas vidas, mas podemos escolher o que fazer com elas. Se pudermos solucioná-las, devemos nos esforçar para isso, caso contrário, precisamos entregar a Deus as suas soluções e impedi-las de adoecerem as nossas almas.

Cair faz parte da jornada. O importante é levantar e seguir adiante.

As almas feridas adoecem o corpo, refletindo uma imagem ruim do ser como um todo. E o seu sofrimento aumenta, ainda, com o dissabor dos julgamentos alheios.

Tenho visto, no decorrer da minha vida, o imenso poder que as lembranças dolorosas, como, por exemplo, as da infância, têm sobre nós. A ciência diz que os bebês sabem muito mais do que a maioria das pessoas julga. Eles ouvem, veem e entendem mais do que pensamos, estando geneticamente preparados para fazer amizade com qualquer adulto que goste deles.

Alguns povos primitivos tomavam o cuidado de manter as mulheres grávidas longe dos acontecimentos desagradáveis.

Quando engravidei do meu quarto filho, Márcio, algumas precauções foram tomadas. Eu havia perdido uma gravidez, há pouco tempo e estava muito traumatizada com isso. Aterrada com a possibilidade de perder o bebê que estava gerando. Precisei de muitos cuidados que me protegessem as emoções.

As notícias ruins eram bloqueadas antes de chegarem ao meu conhecimento. Um dia, o meu marido sofreu um acidente de carro e eu só fiquei sabendo quando ele chegou de bengalas, em casa. Tudo era feito para proteger o bebê. Foi um tempo de muita paz, no qual o meu amor crescia, juntamente com o tamanho do meu filho. Ele nasceu com cinco quilos e cinquenta e quatro centímetros, perfeitamente sadio. Foi uma criança calma e hoje é um homem maravilhoso.

Na Bíblia, temos um caso típico do que estamos falando, quando Maria, já com Jesus em seu ventre, foi visitar Isabel, que estava grávida de João Batista, e disse à Maria:

> *"Pois logo que me veio aos ouvidos a voz da tua saudação, a criança estremeceu de alegria dentro de mim."* **(Lucas 1:44)**

Vou contar-lhes um fato, apenas exemplificativo, do tema em questão.

Armando e Priscila, um jovem casal muito amoroso, não tinham dúvidas do verdadeiro amor que os unia, mas eram atormentados por um problema que os incomodava. Não conseguiam deixar de magoar-se um ao outro. Ao procurarem um terapeuta, ficaram sabendo que a causa estava na hipersensibilidade da esposa.

Ela concordou em tratar-se e, durante as sessões visualizava cada uma das situações humilhantes que vivera durante a infância.

Priscila tinha 4 anos e, com sua família, foi visitar a avó. Esta tecera um cobertorzinho para sua boneca. Por timidez, a menina não conseguia saudar as pessoas, nem agradecer. Oi, olá ou muito obrigada eram palavras que não conseguia falar para ninguém.

Quando a avó lhe deu o cobertorzinho, ela ficou muito feliz e queria agradecer, mas o nó que tinha na garganta a impediu. Sua irmãzinha pediu que lhe desse o cobertor. Então seus pais falaram que se ela não agradecesse, o presente seria dado à sua irmã. E assim aconteceu, por sua impossibilidade de expressar gratidão.

Ela passou sua vida alimentando essa raiz de amargura contra seus pais e sua irmã. Então cada vez que percebia alguma injustiça ou incompreensão, ficava calada, cheia de mágoa e incapaz de comunicar-se. Assim não conseguia resolver seus problemas.

Embora com esforço, durante a consulta, Priscila ia perdoando as muitas pessoas que a tinham magoado e então recebia o perdão de Deus pelo ressentimento mantido tanto tempo contra elas. E assim conseguiu libertar as suas emoções.

As memórias negativas são como pesos amarrados ao corpo de um nadador. Elas insistem em afundá-lo, fazendo com que ele mal consiga manter-se à tona.

Também consomem tanto a energia emocional e espiritual que impedem as pessoas de fazer qualquer progresso e as faz permanecer emocionalmente estacionadas no tempo. E o resultado são adultos com características infantis e adolescências prolongadas, por falta de cura interior.

Mas mudar é difícil. Há sempre em nós o medo do novo, que nos traz o desconhecido. Então nos protegemos, nos sabotamos.

Há três mecanismos de defesa muito usados:

1. A negação, o mais simples e direto deles, faz com que nos recusemos a reconhecer nossos problemas;

2. A racionalização, mais complicado e mais sério, onde usamos razões que justifiquem nosso comportamento e acabamos não tendo consciência dele;

3. A projeção, o pior de todos, no qual nos enganamos culpando a outros pelos nossos problemas, transferindo o que deveríamos enfrentar.

A cura da alma no que se refere à salvação

De uma certa forma, isso me faz lembrar da segunda vinda de Jesus, quando ele vier buscar os seus, para salvá-los da grande tribulação que assolará o mundo. O que está escrito na Bíblia. Quantas pessoas subirão com ele e quantas outras não irão, por falta de preparo e desconhecimento. Quantas almas desnutridas não terão condições de subir com Jesus, por não terem acreditado na sua Palavra e dela se fortalecido?

Quanta falta de alimentos emocionais e espirituais, à disposição dos que desconhecem a Deus, por omissão dos que o conhecem e não exercem o dever maior de mostrá-lo ao mundo!!! Quanta falta de socorro e atenção aos que estão à deriva do conhecimento de Deus?!

> *"Todo aquele que invocar o nome do Senhor será salvo. Como, porém, invocarão o nome de quem não creem? E como crerão naquele de quem nada ouviram? E como ouvirão se não há quem pregue?"* **(Romanos 10:13,14)**

Cura do corpo

Pela sua graça e amor, o Senhor nos deu a base concreta para a cura do nosso ser integral, corpo, alma e espírito. O seu projeto para nós é saúde plena.

> *"Amado, desejo que te vás bem, em todas as coisas, e que tenhas saúde e prosperidade, assim como bem vá a tua alma."* **(III João 2)**

Devemos atentar para o valor da nossa saúde, também no corpo. Cuidar do nosso corpo é um dever que nos impõe a graça de sermos templos do Espírito Santo.

> *"Acaso, não sabeis que o vosso corpo é santuário do Espírito Santo, que está em vós, o qual tendes da parte de Deus, e que não sois de vós mesmos?"* **(I Coríntios, 6:19)**

As enfermidades do corpo, muitas vezes, são oriundas de uma alma doente. Por isso, cabe aqui tudo o que falamos sobre a cura da alma. Existem também as que são advindas de fatores externos, como acidentes, contágios e pandemias entre outras.

Graças a Deus, temos as ciências médicas a nos ajudar. Vários tratados da Medicina já comprovaram que as pessoas que cuidam da sua saúde, que têm a imunidade alta, estão mais protegidas contra as enfermidades.

Mas, infelizmente, ainda há muita gente que não se conscientizou disso e vive numa constante agressão aos seus organismos. Comendo o que não deve, vivendo uma vida desregrada, bebendo indevidamente, dando poder a vícios como o cigarro que mata o pulmão, descumprindo preceitos médicos.

Ainda estamos em meio a uma pandemia internacional, que pegou todo mundo de surpresa. Países, governos, pessoas. E no meio do caos, sentimos a falta de hospitais, a inexistência de medicamentos, a redução de pessoas que servem à saúde e não são comumente valorizadas, a pequenez do ser humano, impotente diante de um vírus.

E, infelizmente, pessoas enfraquecidas, oriundas da falta de cuidados com o seu corpo, morrendo pelos seus erros. E a verdade aparecendo: só resistem os que têm uma alta imunidade e um cuidado saudável e consciente com o seu corpo.

Somos terras férteis, como o Criador nos fez. Precisamos plantar em nós o respeito aos verdadeiros valores, construtivos do bem, da verdade e do amor. E o melhor adubo para fazer com que o bem prevaleça nessa plantação interior é a fé, a alegria, a paz, a convicção de que devemos fazer jus à morte de Cristo por nós.

QUANDO O PECADO ENTROU NO MUNDO

Inicialmente, o homem foi criado para relacionar-se com Deus, em perfeita comunhão. Como centro da criação, Deus o colocou em um jardim completo, cuidou-o e cultivou-o como a sua obra mais preciosa. Por causa da sua comunhão e cooperação com o Criador, toda a criação reconhecia a liderança do homem e se submetia ao seu domínio. E ele progredia, sustentado no sobrenatural de Deus.

O homem, antes da queda, possuía inteligência que, mesmo dentro de limites humanos, era iluminada e assim podia entender as coisas de Deus. Sua emoção ainda vibrava acerca das coisas divinas e o homem amava a Deus e tudo que a Ele se referia. Na vontade humana, também limitada, refletia-se a soberana vontade de Deus, e assim escolhia tudo que estava de acordo com a divina vontade.

É na união com Deus que o homem aperfeiçoa o seu caráter. Sua comunhão pessoal e atividade cooperativa com Deus garante-lhe a mais elevada possibilidade de realização do seu ser.

Devemos ainda atentar para o fato de que o homem não caído foi colocado em provação.

Deus botou no jardim, onde o homem habitava, o limite de suas possibilidades, simbolizado por duas árvores: a árvore da vida, da qual ele poderia comer, pois os frutos o lembrariam que o seu sustento dependia de Deus, e a árvore do conhecimento do bem e do mal, da qual lhe era proibido comer, para que entendesse a limitação da sua liberdade dentro do governo de Deus.

Era a vontade finita do homem sendo testada e agindo diante da vontade infinita de Deus.

A sua natureza humana era comandada pela vontade da alma. Então o homem deveria escolher entre continuar usufruindo desse relacionamento com Deus, o que lhe assegurava as maiores realizações de suas possibilidades ou separar-se, para ser igual ao Criador, o que o levaria à queda, pois estaria desobedecendo Àquele que o criou. Deus não criara robôs, portanto teria que oferecer ao homem essa alternativa, para que fosse testada a sua vontade, nesse ato de obediência.

Se escolhesse obedecer a Deus, as suas limitações seriam sanadas pela união com o Senhor, ilimitado. O que não significa que viriam a ser iguais a Deus. Apenas que teriam sua visão e percepção iluminadas pela luz da proximidade com o Criador.

Colocado em uma condição experimental, ele deveria passar a uma forma de vida muito mais ampla, se tivesse vivido em união com Deus. No entanto, fez a sua escolha de separação do seu Criador, quando preferiu viver conforme sua autonomia. E foi o autor de sua queda. E pecou.

Com a entrada do pecado no mundo, o ser humano veio a perder a comunhão com Deus, o que ele tinha de mais importante nesta vida. Então o homem passou a viver de forma independente e sucumbiu ao mal, que lhe era até então desconhecido.

Por decisão própria, o homem separou-se de Deus. George Campbell Morgan*, em seu livro *As Crises de Cristo*, relata:

> *"Todos os rios que entristecem a vida do homem têm como fonte a mudança de direção de sua vontade; deixando o seu canal próprio de comunhão e ação com a vontade de Deus, a vontade própria do homem, então, corre na torrente sem leito*

---

* Morgan, George Campbellestminster Chapel, Londres S W.1. p.10.

QUANDO O PECADO ENTROU NO MUNDO

Inicialmente, o homem foi criado para relacionar-se com Deus, em perfeita comunhão. Como centro da criação, Deus o colocou em um jardim completo, cuidou-o e cultivou-o como a sua obra mais preciosa. Por causa da sua comunhão e cooperação com o Criador, toda a criação reconhecia a liderança do homem e se submetia ao seu domínio. E ele progredia, sustentado no sobrenatural de Deus.

O homem, antes da queda, possuía inteligência que, mesmo dentro de limites humanos, era iluminada e assim podia entender as coisas de Deus. Sua emoção ainda vibrava acerca das coisas divinas e o homem amava a Deus e tudo que a Ele se referia. Na vontade humana, também limitada, refletia-se a soberana vontade de Deus, e assim escolhia tudo que estava de acordo com a divina vontade.

É na união com Deus que o homem aperfeiçoa o seu caráter. Sua comunhão pessoal e atividade cooperativa com Deus garante-lhe a mais elevada possibilidade de realização do seu ser.

Devemos ainda atentar para o fato de que o homem não caído foi colocado em provação.

Deus botou no jardim, onde o homem habitava, o limite de suas possibilidades, simbolizado por duas árvores: a árvore da vida, da qual ele poderia comer, pois os frutos o lembrariam que o seu sustento dependia de Deus, e a árvore do conhecimento do bem e do mal, da qual lhe era proibido comer, para que entendesse a limitação da sua liberdade dentro do governo de Deus.

Era a vontade finita do homem sendo testada e agindo diante da vontade infinita de Deus.

A sua natureza humana era comandada pela vontade da alma. Então o homem deveria escolher entre continuar usufruindo desse relacionamento com Deus, o que lhe assegurava as maiores realizações de suas possibilidades ou separar-se, para ser igual ao Criador, o que o levaria à queda, pois estaria desobedecendo Àquele que o criou. Deus não criara robôs, portanto teria que oferecer ao homem essa alternativa, para que fosse testada a sua vontade, nesse ato de obediência.

Se escolhesse obedecer a Deus, as suas limitações seriam sanadas pela união com o Senhor, ilimitado. O que não significa que viriam a ser iguais a Deus. Apenas que teriam sua visão e percepção iluminadas pela luz da proximidade com o Criador.

Colocado em uma condição experimental, ele deveria passar a uma forma de vida muito mais ampla, se tivesse vivido em união com Deus. No entanto, fez a sua escolha de separação do seu Criador, quando preferiu viver conforme sua autonomia. E foi o autor de sua queda. E pecou.

Com a entrada do pecado no mundo, o ser humano veio a perder a comunhão com Deus, o que ele tinha de mais importante nesta vida. Então o homem passou a viver de forma independente e sucumbiu ao mal, que lhe era até então desconhecido.

Por decisão própria, o homem separou-se de Deus. George Campbell Morgan*, em seu livro *As Crises de Cristo*, relata:

> *"Todos os rios que entristecem a vida do homem têm como fonte a mudança de direção de sua vontade; deixando o seu canal próprio de comunhão e ação com a vontade de Deus, a vontade própria do homem, então, corre na torrente sem leito*

---

* Morgan, George Campbellestminster Chapel, Londres S W.1. p.10.

Quando a avó lhe deu o cobertorzinho, ela ficou muito feliz e queria agradecer, mas o nó que tinha na garganta a impediu. Sua irmãzinha pediu que lhe desse o cobertor. Então seus pais falaram que se ela não agradecesse, o presente seria dado à sua irmã. E assim aconteceu, por sua impossibilidade de expressar gratidão.

Ela passou sua vida alimentando essa raiz de amargura contra seus pais e sua irmã. Então cada vez que percebia alguma injustiça ou incompreensão, ficava calada, cheia de mágoa e incapaz de comunicar-se. Assim não conseguia resolver seus problemas.

Embora com esforço, durante a consulta, Priscila ia perdoando as muitas pessoas que a tinham magoado e então recebia o perdão de Deus pelo ressentimento mantido tanto tempo contra elas. E assim conseguiu libertar as suas emoções.

As memórias negativas são como pesos amarrados ao corpo de um nadador. Elas insistem em afundá-lo, fazendo com que ele mal consiga manter-se à tona.

Também consomem tanto a energia emocional e espiritual que impedem as pessoas de fazer qualquer progresso e as faz permanecer emocionalmente estacionadas no tempo. E o resultado são adultos com características infantis e adolescências prolongadas, por falta de cura interior.

Mas mudar é difícil. Há sempre em nós o medo do novo, que nos traz o desconhecido. Então nos protegemos, nos sabotamos.

Há três mecanismos de defesa muito usados:

1. A negação, o mais simples e direto deles, faz com que nos recusemos a reconhecer nossos problemas;

2. A racionalização, mais complicado e mais sério, onde usamos razões que justifiquem nosso comportamento e acabamos não tendo consciência dele;

3. A projeção, o pior de todos, no qual nos enganamos culpando a outros pelos nossos problemas, transferindo o que deveríamos enfrentar.

A cura da alma no que se refere à salvação

De uma certa forma, isso me faz lembrar da segunda vinda de Jesus, quando ele vier buscar os seus, para salvá-los da grande tribulação que assolará o mundo. O que está escrito na Bíblia.

Quantas pessoas subirão com ele e quantas outras não irão, por falta de preparo e desconhecimento. Quantas almas desnutridas não terão condições de subir com Jesus, por não terem acreditado na sua Palavra e dela se fortalecido?

Quanta falta de alimentos emocionais e espirituais, à disposição dos que desconhecem a Deus, por omissão dos que o conhecem e não exercem o dever maior de mostrá-lo ao mundo!!! Quanta falta de socorro e atenção aos que estão à deriva do conhecimento de Deus?!

> *"Todo aquele que invocar o nome do Senhor será salvo. Como, porém, invocarão o nome de quem não creem? E como crerão naquele de quem nada ouviram? E como ouvirão se não há quem pregue?"* **(Romanos 10:13,14)**

Cura do corpo

Pela sua graça e amor, o Senhor nos deu a base concreta para a cura do nosso ser integral, corpo, alma e espírito. O seu projeto para nós é saúde plena.

> *"Amado, desejo que te vás bem, em todas as coisas, e que tenhas saúde e prosperidade, assim como bem vá a tua alma."* **(III João 2)**

Devemos atentar para o valor da nossa saúde, também no corpo. Cuidar do nosso corpo é um dever que nos impõe a graça de sermos templos do Espírito Santo.

> *"Acaso, não sabeis que o vosso corpo é santuário do Espírito Santo, que está em vós, o qual tendes da parte de Deus, e que não sois de vós mesmos?"* ***(I Coríntios, 6:19)***

As enfermidades do corpo, muitas vezes, são oriundas de uma alma doente. Por isso, cabe aqui tudo o que falamos sobre a cura da alma.

Existem também as que são advindas de fatores externos, como acidentes, contágios e pandemias entre outras.

Graças a Deus, temos as ciências médicas a nos ajudar. Vários tratados da Medicina já comprovaram que as pessoas que cuidam da sua saúde, que têm a imunidade alta, estão mais protegidas contra as enfermidades.

Mas, infelizmente, ainda há muita gente que não se conscientizou disso e vive numa constante agressão aos seus organismos. Comendo o que não deve, vivendo uma vida desregrada, bebendo indevidamente, dando poder a vícios como o cigarro que mata o pulmão, descumprindo preceitos médicos.

Ainda estamos em meio a uma pandemia internacional, que pegou todo mundo de surpresa. Países, governos, pessoas. E no meio do caos, sentimos a falta de hospitais, a inexistência de medicamentos, a redução de pessoas que servem à saúde e não são comumente valorizadas, a pequenez do ser humano, impotente diante de um vírus.

E, infelizmente, pessoas enfraquecidas, oriundas da falta de cuidados com o seu corpo, morrendo pelos seus erros. E a verdade aparecendo: só resistem os que têm uma alta imunidade e um cuidado saudável e consciente com o seu corpo.

Somos terras férteis, como o Criador nos fez. Precisamos plantar em nós o respeito aos verdadeiros valores, construtivos do bem, da verdade e do amor. E o melhor adubo para fazer com que o bem prevaleça nessa plantação interior é a fé, a alegria, a paz, a convicção de que devemos fazer jus à morte de Cristo por nós.

> *de uma atividade indeterminada e ingovernável. Ao tomar do fruto da árvore proibida, o homem profanou o símbolo sacramental, por ter se desligado daquela esfera de vida da qual a árvore não participante era o limite. Pela afirmação de sua própria vontade ele destronou Deus e entronizou a si próprio. O homem como essência espiritual pecou, quando ouvindo o tentador, pôs em dúvida o amor e decidiu ir no sentido contrário à vontade de Deus. Essa queda interior e espiritual do homem se manifestou em um ato cometido publicamente, ao lançar mão daquilo que Deus havia proibido."*

Separado de Deus, o homem deverá sofrer as consequências do seu ato de desobediência. Sua inteligência, sua emoção e sua vontade estão diminuídas, pois foram desligadas da fonte originária, o Criador. O ser humano perdeu o alimento divino, que através da comunhão com Deus possibilitava-lhe crescer. Os poderes de sua criação permaneceram com ele, mas perderam o âmbito primordial do seu exercício e crescimento.

Sua inteligência ofuscada perdeu o discernimento das coisas espirituais, e o seu interesse passou a focalizar a matéria.

Sua emoção, agora corrompida, se detém nas coisas deste mundo, e o amor busca sua satisfação nas trocas humanas.

Sua vontade enfraquecida, perdeu a ligação com a soberania do Criador e tornou-se também vulnerável ao mal.

E o caos se fez. A Terra estava em ruínas. Esse era o ambiente deste mundo caído, quando a misericórdia de Deus ouve o clamor desesperado da humanidade em trevas. Então Jesus vem. E dá início ao maior milagre do seu amor pelo ser criado à sua imagem e semelhança.

Com a entrada do pecado no mundo veio junto a morte, a doença, a tristeza e o ressentimento. Hoje ele faz parte dos males que assolam a humanidade.

Os primeiros seres humanos transgrediram as leis de Deus e as consequências atingiram todos os seus descendentes, chegando até nós. O pecado afetou nossas relações com Deus, conosco mesmo e com o próximo.

O pecado afetou nossos sentimentos. Se o cristão não desenvolver sentimentos de humildade e submissão à vontade de Deus, será sempre prisioneiro dos sentimentos de ódio e maldade. E o nosso coração passa a manifestar um comportamento inadequado à nossa condição de cristão e à nossa saúde física, emocional e espiritual.

Há pessoas que vão enchendo cada vez mais o seu coração de uma intensa e assustadora fúria rancorosa, até conseguem disfarçar por falsos sorrisos e palavras de galanteio, mas essa farsa não pode ser contida por muito tempo.

Um dia ela irá explodir e quando explode ganha uma magnitude assustadora. Levando os seus interlocutores da raiva à surpresa. Como aquela pessoa tão boa podia dizer tudo aquilo de mim?! Mas Deus nunca fechou a nós as portas do seu coração. Continua disponibilizando os meios que nos levam a ele.

O seu Reino é pregado no mundo inteiro. Há missionários, homens e mulheres de Deus, ensinando a Bíblia em lugares, às vezes, de difícil acesso. Expondo suas vidas a todo tipo de perigos, eles não deixam de responder o Ide de Jesus.

> *"Ide por todo o mundo e pregai o evangelho a toda criatura. Quem crer e for batizado será salvo; quem, porém, não crer será condenado. Estes sinais acompanharão aqueles que creem: em meu nome, expulsarão demônios; falarão novas línguas; pegarão em serpentes; e, se beberem alguma coisa mortífera, não lhes fará mal; se impuserem as mãos sobre enfermos, eles ficarão curados."* **(Marcos 16:15-18)**

> *"Toda a autoridade me foi dada no céu e na terra. Portanto, ide e fazei discípulos de todas as nações, batizando-os em nome do Pai, do Filho e do Espírito Santo,*

> *ensinando-os a guardar todas as coisas que tenho vos ordenado. E eis que estou convosco todos os dias até o fim dos tempos."* ***(Mateus 28:18-20)***

Além disso, os ministérios *online* estão crescendo cada vez mais e bilhões de pessoas são alcançadas para Deus.

Aquele que realmente ama e crê em Jesus não consegue mais ser o mesmo que era antes. O pecado lhe fere, levando-o a rejeitá-lo, pois a dor que está causando ao seu amado Senhor não vale o erro que lhe pode satisfazer por um tempo de alegria fugaz neste mundo.

Respondeu Jesus: "Em verdade, em verdade vos digo que, se alguém não nascer de novo, não pode ver o Reino de Deus". João 3:3.

O "nascer de novo" implica em renunciar à velha vida de pecado, reconhecer a necessidade de Deus, de seu perdão e depender dele. E ressurgir como um ser humano mais completo e feliz!

PERDÃO

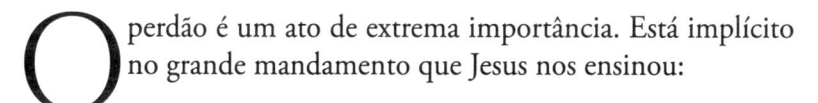

O perdão é um ato de extrema importância. Está implícito no grande mandamento que Jesus nos ensinou:

> "Mestre, qual é o mais importante de todos os mandamentos da Lei?
> Jesus respondeu:
> "Ame o Senhor, seu Deus, com todo o coração, com toda a alma e com toda a mente." Este é o maior mandamento e o mais importante. E o segundo mais importante é: "Ame ao seu próximo como a si mesmo." Toda a Lei de Moisés e os ensinamentos dos Profetas se baseiam nesses dois mandamentos." **(Mateus 22:36-40)**

E o perdão é uma característica muito importante do amor. Ele é uma antítese do ódio.

Decidi dividir este assunto em itens, para melhor compreensão.

1 - O que é perdoar?

Perdoar é um ato de amor. É o reflexo do amor de Deus em nós e nos torna mais próximos de sua imagem e semelhança.

Considero o perdão um dos sentimentos mais lindos da alma, quando ela supera as emoções e alia-se ao espírito para alcançar o perdão divino. Então se cumpre o que Jesus ensinou no Pai Nosso:

> *"...Perdoa as nossas ofensas, assim como nós perdoamos a quem nos tem ofendido..."*

É um processo mental, físico e espiritual, para evitar reviver emoções negativas, como raiva, culpa, rancor e sentimento de vingança entre outros. E compor o nosso relacionamento com o próximo.

Também é um ato de libertação, viver sem a companhia de velhos pesares. Restaurar o otimismo.

É um ato de amor por si mesmo e por quem o ofendeu.

Perdão é o maior antídoto a todos os males, do corpo, da alma e do espírito. Serve para livrar-nos da tortura de uma alma triste, cheia de mágoas, culpas e ressentimentos que desestruturam a vida.

Quantas vezes criamos prisões emocionais, que nos sufocam das quais não conseguimos sair. Prisões essas que, se alimentadas pelo ódio, a mágoa, a culpa, o ciúme, a inveja, a vingança, viram verdadeiros monstros, impedindo-nos de viver uma vida sadia.

E a única chave para nos libertar delas é o perdão ao outro e a nós mesmos.

> *"Antes sede uns para com os outros benignos, misericordiosos, perdoando-vos uns aos outros, como também Deus vos perdoou, em Cristo."* **(Efésios 4:32)**

Vimos no versículo acima a ênfase que a Palavra de Deus dá ao perdão. Perdoar é limpar a alma para que o Senhor possa agir em nós.

Perdoar é reconciliar-se com o passado. Jogar fora o lixo emocional.

Não se ache um fraco por conceder perdão, pois perdoar é um grande sinal de inteligência emocional e maturidade. É uma decisão de evitar que o passado governe o seu futuro.

Perdoar é reconhecer a imagem e semelhança de Deus em nós.

2 - Perdoar-nos.

Outro tipo de dano surge quando o foco da falta de perdão somos nós próprios. Uma das características do ser humano é assumir culpas exacerbadas e punir-se por elas. E quanto maior é o vínculo emocional com alguém, objeto da culpa, mais isso acontece. "Ah, se eu não tivesse feito isso... Ah, se eu não tivesse dito aquilo..."

Culpa e mágoa podem matar nossa vida, no corpo, na alma e no espírito. E o remédio para isso é o perdão.

E quanto mais a pessoa assume a culpa e não pede perdão ao outro, nem perdoa a si mesma, mais sofre e debilitada fica, ao ponto de perder a capacidade de análise de uma situação, muitas vezes, bem diferente na origem dos motivos imaginados.

Precisamos perdoar-nos pelos nossos erros e parar de nos odiar por eles. Quanto antes o fizermos, mais rápido deixaremos de sofrer as dores que eles nos causaram.

Perdão aos outros e a nós mesmos, pois podemos ser os maiores predadores das nossas emoções. Não nos perdoarmos é tirar o brilho da vida e a razão de ser de nossas esperanças. Faz com que armazenemos no organismo as toxinas causadoras das doenças físicas e emocionais.

Quando pedimos perdão, Deus perdoa os nossos pecados e deles não se lembra mais.

No entanto, quantas vezes os trazemos à mente, deixando o diabo nos atingir por esse meio, porque na realidade não nos perdoamos. E nos tornamos, assim, os nossos maiores acusadores.

O próprio Deus diz:

> *"Eu, eu mesmo, sou o que apago as tuas transgressões por amor de mim e dos teus pecados não me lembro."*
> **(Isaías 43:25)**

Só seremos curados da nossa dor quando pudermos falar, sem mágoa, na pessoa que nos feriu.

Cito aqui este poema de autor desconhecido.

> *Seja menos exigente com você mesmo.*
> *Não se culpe tanto.*

Não se machuque.
Não diminua você mesmo.
Não faça você ser menos do que realmente é.
Você não tem o controle de tudo.
Saiba se perdoar. Errar faz parte.
E você é incrível, mesmo que ninguém diga isso.

3 - Ajuda do Espírito Santo.

O perdão de Deus está fundado em seu Amor, e não em nosso merecimento.

Perdoe como Cristo perdoou e peça perdão como se tivesse ofendido a Ele.

Uma tarde, fui fazer compras em um supermercado. Ao término, dirigi-me ao setor do caixa. Conforme eu tirava as compras do carrinho, a funcionária as contabilizava e empilhava-as no balcão. Concluído o pagamento, ela ficou me olhando.

Então eu perguntei se ela não ia empacotar e sua resposta foi alterada e cheia de impropérios. Concluiu que não estava ali para embalar, e que eu o fizesse. Perdi o controle e respondi no mesmo nível. Saí do supermercado furiosa. Quando entrei no carro, comecei a me sentir mal.

Cheguei em casa e o Espírito Santo me disse que eu deveria pedir perdão àquela moça. Então lhe falei: mas Senhor, fui eu a ofendida...! Ele não disse mais nada. Nem precisava, eu já tinha entendido. Então, arrependida, pedi perdão por tê-lo ofendido com o meu comportamento.

Olhei pela janela e vi que era noite. Então resolvi voltar ao supermercado, no outro dia.

Quando entrei lá, procurei a moça em todas as caixas e não a encontrei. Fui à gerência e descrevi as suas características. Perguntei se não estava em algum outro lugar do estabelecimento, e recebi a resposta de que lá não trabalhava ninguém com as características que eu havia narrado.

Saí frustrada, mas certa de que voltaria. E assim aconteceu por cinco dias. No sexto, antes de entrar lá, falei com o Espírito Santo: Senhor, se essa moça não estiver aí hoje, o Senhor me libera e me perdoa? Ao que Ele me respondeu positivamente.

Procurei por todo o supermercado e não a encontrei. Então saí de lá aliviada. E aquele assunto não me incomodou mais.

Esse é um exemplo de quando sentimos que ofendemos ao nosso Deus, ao qual tanto amamos. É uma dor que pesa nos nossos corações e nos impulsiona a buscar o perdão. Quanto mais comunhão com Deus nós temos, mais isso é manifesto.

Eu não conhecia a moça. Mas ao meu Senhor eu conheço bem e sei quando entristeço o Espírito Santo que habita em mim. Dói muito...! Tantas vezes sentimos um peso tão grande nas emoções, que nos faz desacreditar que a felicidade existe. E procuramos todo tipo de remédios, para conseguirmos seguir adiante? Algum tempo...algumas horas talvez...!

Passado o efeito do remédio a dor volta. Porque o mal continua vivo. Não foi morto pelo perdão. Está lá, dentro de nós, como uma fonte do mal, atingindo-nos e impossibilitando o nosso relacionamento com Jesus.

Esquecemos que somos pequenos sim, mas temos um Deus muito maior do que as nossas dores, que conhece todas as células de que somos compostos, assim como as nossas carências e necessidades, pois Ele é o Criador. E, através da sua força, nos faz fortes para enfrentarmos as tribulações, se Nele confiarmos.

Sozinhos, encontramos grande dificuldade para perdoar, porque estaremos mexendo em dolorosas feridas emocionais. Mas precisaremos abrir as portas da alma, convidarmos Cristo a entrar e iluminá-la. Limpar-nos de tudo o que não vem dele. Assim receberemos a graça do perdão e a verdadeira libertação.

*"Eu posso fazer todas as coisas através de Cristo que me fortalece." (**Filipenses 4:12-13**)*

O nosso Auxiliador para perdoar-nos é o Espírito Santo, o maior galardoador da graça do perdão. Quando nos está difícil perdoar, nossa oração a ele deve ser a seguinte: Senhor, eu quero perdoar... (coloque aqui o nome da pessoa), mas não consigo. Venho à tua presença pedir que me ajudes e me concedas a graça do perdão.

Ele o ajudará. De repente, você percebe que nem lembra mais do mal ocasionado por aquela pessoa. E sentirá uma sensação de leveza e liberdade.

4 - Perdão é ordem de Deus.

O perdão não é um conselho a ser seguido, mas uma ordem de Deus, expressa na sua Palavra. É o seu remédio de cura interior para nós.

> *"E, quando estiveres orando, se tendes alguma coisa contra alguém, perdoai, para que vosso Pai celestial vos perdoe as vossas ofensas."* **(Marcos 11:25)**

Perdoar é uma decisão que você toma, a qual posteriormente terá efeitos em suas emoções. Não é sentimento, é decisão.

Ao perdoarmos os nossos devedores, não estaremos fazendo nada além do que nós mesmos já recebemos de Deus, através de seu filho, Jesus Cristo.

Portanto deve ser cumprido como um ato de vontade, independentemente das emoções. Elas são más conselheiras nesse aspecto.

Para resolver problemas em relacionamentos é preciso humildade. A arrogância é inimiga do perdão. Não podemos pedir perdão como se estivéssemos fazendo um favor para alguém. Estaremos executando um ato nulo. É no coração onde se origina o perdão.

Dar tempo ao tempo é um ditado perigoso. Muito ouvimos falar nele. O tempo não cura feridas, ele ameniza as dores por elas causadas. Mas se não forem tratadas podem até levar à morte.

Para perdoar é preciso descer do pedestal, abrir mão do orgulho e prepotência de estar certo. Reconhecer que somos passíveis a erros. E quebrantar os nossos corações.

5 - Os prejuízos que sofremos das pessoas que nos fazem mal.
Muitas vezes, somos mais prejudicados pelas pessoas que nos fazem mal do que podemos imaginar.

Deixando-nos atingir por suas ações ou omissões, sujeitamo-nos aos sentimentos malévolos, como ódio, rancor, mágoa, maldição, sede de vingança e alimentamos o veneno destilado que poderá nos levar à morte física e espiritual.

E, enquanto isso, as pessoas odiadas seguem vivendo, sem nem perceber o nosso sofrimento.

A falta de perdão acorrenta a pessoa odiada a você, sem que ela seja atingida. Haverá um peso a ser carregado somente por você, aonde for, além da dor que o impedirá de ser feliz.

Sua cura é independente da atitude da pessoa a quem você pediu perdão. Ela jamais valerá o corte do seu relacionamento com Deus.

Não julgue e nem amaldiçoe, porque o juízo e a vingança pertencem a Deus. Não ocupe o lugar dele, deixe-o fazer o que lhe cabe.

Os autores Ken Sande e Kevin Johnson, em sua obra, *O Pacificador e os Conflitos do Dia a Dia*, dizem que a falta de perdão é o veneno que tomamos, esperando que os outros morram (Ed. Crescendo, 2011, página 101).

Muitas pessoas preferem carregar a dor a ter que perdoar. Usam a falta de perdão como um castigo para o outro e mal sabem que não perdoar não prejudica o outro, mas a si mesmo.

Uma das formas mais prejudiciais é o perdão punição. Não perdoamos, porque achamos que a pessoa não merece o nosso perdão. Queremos puni-la com o nosso ódio e ainda fazemos de tudo para estender esse ódio aos outros, tentando convencê-los da perniciosidade da pessoa alvo.

Quando eu terminava de pregar, havia uma mulher que ia sempre me falar do ex-marido. E cada vez parecia mais pálida, com aparência de doente. A amargura de sua alma era visível.

Um dia, eu a convidei para sentar-se em um banco da igreja ao meu lado. Então perguntei-lhe se ela já havia perdoado o marido, ao que ela respondeu com um não acusatório! Como iria perdoar a quem tanto mal lhe havia feito. E o pior era que ele estava muito bem...!!! Senti com que profundo rancor ela dizia isso.

Continuou na mesma tentativa de me levar a compartilhar do seu ódio. Eu via nos seus olhos a pergunta silenciosa: a senhora não entende isso?!

Então fiquei um tempo, falando-lhe sobre os benefícios do perdão. Orei com ela e desejei-lhe libertação para que pudesse ser feliz.

A falta do perdão pode nos levar ao atrofiamento do espírito. Vamos apagando a luz de Deus em nós, talvez temendo ver aquilo que negamos.

Se você pedir perdão e não for perdoado, você está livre, pois fez a sua parte.

6 - A necessidade do perdão.

É libertarmos o nosso coração e podermos entregar a Deus o controle de nossas vidas. Então, usufruirmos a graça de Jesus, a vida em abundância que ele prometeu aos seus filhos, ainda aqui na Terra.

Também livrar-nos das doenças originadas pelas raízes de amargura que contaminam todo o nosso organismo.

A amargura vai formando enfermidades silenciosas, que a pessoa nem sabe que tem. E que vão se formando através da mágoa e do ressentimento, os quais podem liberar cargas de hormônios que vão desequilibrar as células.

Então o organismo é afetado por doenças como o câncer que aparece em exame de rotina; úlcera que rebenta e a pessoa vomita muito sangue, sem saber porque; doenças cardiovasculares, as mais diversas. E tantas outras.

Guardar mágoa é convidar o diabo a entrar no nosso coração. E ele vai tomando conta de nós, até perdermos o real valor da vida.

Pelo perdão, poderemos ser curados dos nossos relacionamentos para que possamos ser mais felizes na convivência com o nosso próximo.

Necessário se faz libertarmos o nosso coração para que possamos usufruir de uma vida feliz, com a segurança da proteção de Deus.

Quem não perdoa é prisioneiro do seu passado. Perde a capacidade de viver o presente e não consegue vislumbrar o bem no seu futuro.

"Verdadeiros heróis são aqueles que tendo sofrido injustiça não são amargurados e tendo sido rejeitados ainda acolhem."
(Laura Souguellis)

Cuide bem de quem você ama, pois tudo pode se acabar em menos de um segundo. Perder alguém que amamos e que se foi sem o nosso perdão, multiplica a dor da perda.

Quem não perdoa limita as suas possibilidades de amar. Não perdoar impede a chance de se viver novas oportunidades e ter mais satisfação na vida pessoal. Faz com que as nossas emoções fiquem escravas de sentimentos perniciosos que vão nos corroendo por dentro e nos afastando dos outros seres humanos. Dificuldades na vida podem ser originadas da falta de perdão.

Só as pessoas que sabem perdoar têm condições de servir a Deus. De realmente seguir o seu Ide, pois com a alma limpa, poderão ser habitações propícias ao Espírito Santo.

"Perdoe e doe como se fosse sua última oportunidade. Ame como se não houvesse amanhã, e se houver um amanhã, ame novamente." **(Max Lucado)**

7 – Perdoar é esquecer?

Perdoar não significa esquecer, mas sim lembrar do ocorrido e permanecer em paz com o outro e consigo mesmo. É como uma cicatriz que a pessoa olha e lembra do que a ocasionou, mas não sente mais dor.

Mesmo que a lembrança do ato passado torne a visitar os nossos pensamentos, ela não deve afetar o nosso presente nem abalar a nossa paz interior.

Perdoar é preciso. Trata-se de um grande desafio de maturidade e experiência além de ser um mandado de Deus.

É uma dádiva preciosa poder encontrar a pessoa que nos feriu e não mais sermos agredidos pela sua presença. E, ainda, termos o privilégio de poder voltar a amá-la, com um coração sadio.

8 - Benefícios do perdão.

Faz bem a nós mesmos. Desimpede o nosso coração das mágoas e culpas que nos atormentam e o abre às coisas positivas.

A pessoa que não perdoa se mantém estagnada, impedida de progredir. Perde a capacidade de amar. E a chance de voltar a ser feliz.

Restabelecer o seu relacionamento com Deus:

- Faz bem a você mesmo: pois deixa de se concentrar excessivamente em suas mágoas e consegue focar mais em coisas positivas para si;
- Tira um peso das suas costas: você acaba com o estresse gerado pela ofensa de outrem;
- Oferece uma visão correta dos acontecimentos: você analisa os fatos com olhos desanuviados, sem ódio e imaturidade;
- Dá a chance de viver novas possibilidades, sem medo de confiar nos outros novamente.

9 - Perdoar é difícil.
Sim, mas não impossível. Deus conhece as nossas limitações, ele não nos daria uma ordem impossível de ser cumprida.

"Tudo é possível àquele que crê", disse Jesus. **(Marcos 9:23)**

Perdoar alguém que o prejudicou, seja por uma coisa relativamente pequena ou por um ato gravemente prejudicial contra você, às vezes pode parecer uma coisa insuperável e difícil de fazer.

Considero que uma das maiores dificuldades de perdoar refere-se às emoçócs. Por isso elas precisam ser trabalhadas por Deus ou pela Ciência.

Se não conseguir, peça ajuda a Jesus. Ele é especialista em perdão.

Ninguém pode ter sofrido mais injustamente que Cristo, quando levou sobre si os pecados da humanidade, para dar-lhe a graça da salvação eterna. No entanto, essa mesma humanidade o assassinou na cruz. E antes de expirar ele disse:

"Pai, perdoa-os, porque eles não sabem o que fazem."
(Lucas 23:34)

10 - O que a Bíblia diz sobre perdoar?
A Bíblia é clara como cristal sobre o assunto de perdoar os outros.

"A parábola do credor incompassivo:
Por isso o reino dos céus é comparado a um rei que quis tomar contas a seus servos; e, tendo começado a tomá-las, foi-lhe apresentado um que lhe devia dez mil talentos; mas não tendo ele com que pagar, ordenou seu senhor que fossem vendidos, ele, sua mulher, seus filhos, e tudo o que tinha, e que se pagasse a dívida.

> *Então aquele servo, prostrando-se, o reverenciava, dizendo: Senhor, tem paciência comigo, que tudo te pagarei. O senhor daquele servo, pois, movido de compaixão, soltou-o, e perdoou-lhe a dívida.*
>
> *Saindo, porém, aquele servo, encontrou um dos seus conservos, que lhe devia cem denários; e, segurando-o, o sufocava, dizendo: Paga o que me deves. Então o seu companheiro, caindo-lhe aos pés, rogava-lhe, dizendo: Tem paciência comigo, que te pagarei. Ele, porém, não quis; antes foi encerrá-lo na prisão, até que pagasse a dívida.*
>
> *Vendo, pois, os seus conservos o que acontecera, entristeceram-se grandemente, e foram revelar tudo isso ao seu senhor. Então o seu senhor, chamando-o à sua presença, disse-lhe: Servo malvado, perdoei-te toda aquela dívida, porque me suplicaste; não devias tu também ter compaixão do teu companheiro, assim como eu tive compaixão de ti? Indignado, o seu senhor o entregou aos verdugos, até que pagasse tudo o que lhe devia. Assim vos fará meu Pai celestial, se de coração não perdoardes, cada um a seu irmão."* **(Mateus 18: 23-35)**

Para configurar aqui a importância dessa parábola de Jesus, na qual o rei era Deus, fiz o seguinte cálculo:

- 10.000 talentos = 8,5 bilhões de dólares
- 100 denários = 4.788,67 reais.

Se Deus nos amou, enquanto ainda éramos pecadores e mandou seu Filho morrer por nós, para que a graça do perdão nos levasse à salvação, isto é, a vivermos no céu, perto dele, quem somos nós para não perdoarmos a quem nos ofendeu?!

Em outra ocasião, Pedro perguntou a Jesus quantas vezes era necessário perdoar.

> *"Então Pedro, aproximando-se dele, disse: Senhor, até quantas vezes pecará meu irmão contra mim, e eu lhe perdoarei? Até sete? Jesus lhe disse: Não te digo que até sete; mas, até setenta vezes sete."* **(Mateus 18:21-22)**

Jesus também ensinou:

> *"Porque, se perdoardes aos homens as suas ofensas, também vosso Pai celestial vos perdoará a vós; Se, porém, não perdoardes aos homens as suas ofensas, também vosso Pai vos não perdoará as vossas ofensas."* **(Mateus 6:14-15)**

11 - Tomar a iniciativa de pedir perdão.

É reconhecer o erro e pedir perdão, independentemente de quem tiver errado. O primeiro a pedir perdão expressa um coração mais aquebrantado, mais cheio do Espírito Santo. Perdoar não é um ato de libertação para quem cometeu o mal, mas para a pessoa que o sofreu.

Se alguém o feriu fisicamente, você vai em seguida ao médico, ou vai esperar que a pessoa seja castigada? Da mesma forma, quando alguém o magoou ou você magoou alguém, você vai continuar com a mágoa ferindo a si mesmo ou vai logo perdoar ou pedir perdão, para livrar-se dela?

Deus tomou a iniciativa de reconciliar consigo o mundo, mesmo sendo Ele o ofendido. Imputou a Jesus Cristo as ofensas dos homens; fez o Filho morrer em nosso lugar. Pagou, com o sangue de Jesus, a nossa dívida; entregou o inocente para declarar paz aos culpados.

Dessa maneira, em Cristo, Deus oferece o perdão dos pecados a todo homem. E não só nos perdoa, como também nos capacita a perdoar.

Ele nos convida a imitá-lo; a vencer o mal com o bem; a sofrer a injustiça, confiando as nossas almas a Ele, o Justo Juiz.

Quando nos sentirmos impelidos a julgar o próximo, que possamos nos ver como réus que foram por Deus absolvidos.

Em toda a nossa vida, como ofendido ou como ofensor, que a misericórdia triunfe sobre o juízo; que a reconciliação seja a nossa reverência a Deus e a nossa iniciativa em relação ao próximo!

"Perdoe. Não importa o que feriu primeiro. O que importa é que você vá lá e construa a ponte." **(Max Lucado)**

12 - O que acontece com a pessoa que não perdoa.

Tem a sua oração interrompida. Deus não pode ouvir um coração cheio de mágoa e rancor.

Quem não perdoa não tem comunhão com Deus. A falta de perdão bloqueia.

Não perdoar faz com que a capacidade da pessoa diminua. Tem muito mal dentro dela. Sua alma vai se decompondo, o que leva a doenças e à morte.

Não perdoar faz com que o nosso coração fique escravo de um sentimento ruim, do qual poderíamos nos livrar, se assim o quiséssemos.

13 – A ciência atesta o prejuízo da falta de perdão.

Uma análise de 25 estudos, realizados no University College London, revelou que existe uma forte correlação entre raiva e hostilidade mantidas ao longo do tempo e risco de ataques cardíacos. Essas emoções também foram associadas a outros problemas de saúde, como o câncer.

O perdão faz com que sejamos livres de todo negativismo, da mágoa, da frustração, da raiva que só desencadeia em nós maus sentimentos, nos adoece e nos afasta de Deus.

Raiva e rancor prejudicam àqueles que os sentem. Quem vive ressentido e com raiva sofre muito, mesmo que não saiba. O seu próprio semblante já mostra esse mal. Seu inconsciente transforma a falta de perdão em dor física, além de outras doenças graves.

Se as pessoas soubessem que o perdão é terapêutico, certamente recorreriam a ele, impedindo assim dores e doenças psicossomáticas. A conclusão da Medicina e da Psicologia juntas comprova que o corpo reage negativamente a sensações como o ressentimento e a raiva. Os infartos, por exemplo, são associados, em alguns casos, a pessoas que não conseguem perdoar.

Enquanto isso, o perdão tem sido visto como a possibilidade de viver melhor e com mais saúde. Uma questão não apenas subjetiva, mas que faz parte do campo da saúde.

Os exames mais modernos de imagem, como os eletromagnéticos, começaram a medir com mais precisão a reação do cérebro e, consequentemente, do coração a situações de estresse similares à falta de perdão. A Psicologia, depois do advento da Psicanálise, em 1920, sempre se interessou pelos processos inconscientes e subjetivos dos seres humanos.

Cardiologista e coordenador do Programa de Infarto Agudo do Miocárdio do Hospital do Coração (HCOR), o Dr. Leopoldo Piegas afirma que a influência de questões emocionais no aparecimento de doenças cardiovasculares já é um consenso na área. Em relação à espiritualidade, ele diz que, nos últimos anos, os estudos e debates sobre o tema têm aumentado.

"O indivíduo que está magoado e ressentido pode disparar hormônios que vão, cronicamente, desequilibrar as células. Isso pode aumentar a pressão arterial, produzir arritmias cardíacas, trombose", diz Piegas, fundador do Grupo de Estudos em Espiritualidade e Medicina Cardiovascular, da Sociedade Brasileira de Cardiologia.

"Na última década, tem crescido a questão da relação entre espiritualidade e doenças do coração. Quase todos os congressos de cardiologia têm sessões especiais sobre o tema, os quais atraem a atenção de um número, cada vez maior, de indivíduos. As pessoas mais tranquilas, sossegadas e aí vai a questão da espiritualidade, têm uma tendência menor de ter esse tipo de doença", afirma ele.

Assistindo a uma palestra do Dr. Álvaro Avezum, sobre o tema Perdão melhora a saúde do seu coração, fiquei encantada com a sua sabedoria e cultura. Dr. Avezum é um médico cardiologista, coordenador da pesquisa mundial sobre doenças cardiovasculares, e diretor do Instituto Dante Pazzanese de Cardiologia.

Ele fala das suas pesquisas, as quais indicam que o perdão pode ajudar na melhoria da saúde do coração.

As pessoas mais aptas a perdoar apresentam menor quantidade de isquemia, que é a falta de sangue no músculo cardíaco.

O perdão pode sim fazer bem ao coração. E esse benefício pode estar associado à menor taxa de doenças vasculares.

Guardar mágoa e rancor pode provocar câncer?
Quando se trata do câncer, o perdão também pode desempenhar um papel importante na sua prevenção.

O Dr. Michael Barry, doutor em Medicina na Carolina do Norte, Estados Unidos, estima que 61% dos pacientes com câncer têm problemas relacionados ao perdão.

Ele ainda diz que manter essas emoções negativas, a raiva e o ódio, cria um estado de ansiedade crônica, que por sua vez produz excesso de adrenalina e cortisol, reduzindo o número das células que desempenham o importante papel de combater o desenvolvimento do câncer.

Um estudo publicado no Jornal Americano de Cardiologia descobriu que o perdão tem um perfil cardioprotetor.

É do cérebro que partem estímulos nervosos para o coração e o resto do corpo.

Pesquisa brasileira, apresentada no 40.º Congresso da Sociedade de Cardiologia do Estado de São Paulo (SOCESP), apontou uma relação entre dificuldade de perdoar e a ocorrência de infarto agudo do miocárdio.

De acordo com a análise, o grupo que sofreu Infarto Agudo do Miocárdio (IAM) apresentou maior tendência a não perdoar as mágoas sofridas durante a vida.

A falta de perdão pode prejudicar a saúde cardiovascular. Esta é a conclusão do trabalho de mestrado da dra. Susana Avezum. Ela diz que as mágoas e ressentimentos são geradores de estresse, que consequentemente provoca respostas fisiológicas de defesa, com adrenalina e noradrenalina.

Esse estudo mostra, segundo a especialista, a importância da prevenção. O Infarto Agudo do Miocárdio é a segunda maior causa de mortalidade no Brasil, segundo dados do Departamento de Informática do Sistema Único de Saúde (DATASUS).

A ruminação da mágoa e a revivescência do evento mantêm o estresse e o corpo fica exposto a essas respostas fisiológicas, o que pode produzir patologias.

RESSENTIMENTO E PERDÃO

"...Nem haja alguma raiz de amargura que, brotando, vos perturbe e por meio dela muitos sejam contaminados."
(Hebreus 12:15)

Busco aqui abrir as portas do seu coração, levar você a uma restauração da alma. Peço a Jesus que você experimente um processo absolutamente divino, pelo qual ele possa fazer com que cada aspecto do seu ser venha a se harmonizar com a vontade dele. E o leve realmente a caminhar ao encontro da eternidade com Deus.

Ressentimento é falta de perdão. A falta de perdão causa amargura, adoece a vida e gera sentimentos de vingança.

Quando não perdoamos os nossos ofensores e guardamos ressentimentos, desperdiçamos energia emocional e acabamos nos fechando numa solidão que nos adoece.

Ressentimento = sentir de novo. Quando você sente algo doloroso para com outra pessoa e guarda aquele sentimento, estará sentindo novamente a emoção dolorosa, cada vez que lembrar disso. Então ressentimento é uma espécie de perpetuação dos sentimentos ruins. Será que isso pode fazer bem a você?

Para a memória só existe presente. Então cada vez que você está relembrando algum acontecimento doloroso é como se estivesse vivendo aquilo outra vez.

"O presente do passado é a memória, o presente do presente é a percepção, o presente do futuro é a expectativa." **(Agostinho de Hipona, teólogo, conhecido como Santo Agostinho)**

ARREPENDIMENTO

Entre o pecado e o perdão há uma passagem obrigatória, que se chama arrependimento. Ninguém pode pregar o perdão sem falar antes em arrependimento.
João Batista, que veio preparar o caminho para Jesus, começou a sua pregação com este apelo:

> *"Arrependei-vos, porque está próximo o reino dos céus."*
> **(Mateus 3:2, 4:17)**

Quando a multidão, que estava em Jerusalém no dia de Pentecostes, perguntou aos apóstolos o que deveriam fazer, diante da forte convicção de pecado que tomou conta dela, Pedro respondeu de imediato: "arrependei-vos..." (Atos 2:38)

Segundo a Bíblia, arrependimento origina-se do hebraico *nachum*, que significa entristecer, e da palavra *shuwb* que quer dizer retornar. O termo equivalente em grego é metaneo, e indica mudança da mente. O arrependimento é um estado de profunda tristeza pelo pecado e leva à mudança de comportamento.

O pecador abandona o pecado e volta-se para Deus. Ele sonda o íntimo dos nossos corações, e sabe se realmente nos arrependemos. É apenas através do arrependimento verdadeiro que podemos obter o perdão divino.

A salvação é uma graça, que obtivemos pela morte de Jesus na cruz. E só por ele a podemos obter. O caminho é o perdão de nossos pecados e isso só se dá através do arrependimento.

Podemos dizer que arrependimento é olhar para nós mesmos, sob a luz de Cristo, e reconhecermos que somos pecadores.

O Espírito Santo brilha em nós e nos expõe diante de nós mesmos. Isso é arrependimento. Isso é o mais necessário e indispensável. Sem o iluminar do Espírito Santo e a percepção de nós mesmos, não podemos levantar os olhos ao Senhor Jesus.

Não há preparo para a subida com Jesus, sem arrependimento de pecados.

Mas para isso é necessário limparmos nosso canal de ligação com Deus, libertando-nos de pecados, pois esses interceptam nosso relacionamento com Ele. E a peça fundamental para isso é o arrependimento, para que o Senhor possa agir nas nossas vidas. Termos o coração rendido a Deus.

Arrependimento gera aversão pelo pecado. O Espírito Santo vai alertar-nos e nos fará sentir a dor do pecado.

"Compadece-te de mim, ó Deus, segundo a tua benignidade; apaga as minhas transgressões, segundo a multidão das tuas misericórdias. Pois eu conheço as minhas transgressões e o meu pecado está sempre diante de mim." ***(Salmo 51:1,3)***

Considero o arrependimento o requisito básico ao perdão. É o toque do Espírito Santo nos nossos corações para recompor-nos com Deus.

O pecado interfere no nosso progresso espiritual e pode até bloqueá-lo completamente. Só através do arrependimento poderemos crescer e nos desenvolver para reencontrar a paz.

"Portanto, arrependam-se e se convertam, para que sejam cancelados os seus pecados, a fim de que, da presença do Senhor,

> *venham tempos de refrigério, e que ele envie o Cristo, que já foi designado para vocês, a saber, Jesus."* **(Atos 3:19)**

A pessoa arrependida está apta a reconhecer o pecado e anseia viver dentro da vontade de Deus. E, voltando a pecar, vai pedir perdão a ele e ter mais discernimento para fugir do erro que o leva a afastar-se do Senhor.

Uma das questões presentes nos cristãos é: mas como poderei saber se Deus me perdoou?

Creio que um parâmetro para saber se Deus nos perdoou é analisar se realmente nos arrependemos do pecado cometido. O Senhor conhece o mais profundo dos nossos corações, portanto se o nosso arrependimento for sincero, seremos perdoados.

> *"Digo a vocês que, assim, haverá mais alegria no céu por um pecador que se arrepende do que por noventa e nove justos que não necessitam de arrependimento."* **(Lucas 15:7)**

Deixe que a dor do arrependimento leve você ao primeiro amor com Deus.

ARREPENDIMENTO OU REMORSO

A Bíblia faz distinção entre arrependimento e remorso. O arrependimento produz conversão, mudança, dor por ter ofendido a Deus e salvação.

> *"Quem, ó Deus, é semelhante a ti, que perdoas a iniquidade e te esqueces da transgressão do restante da tua herança? O Senhor não retém a sua ira para sempre, porque tem prazer na misericórdia. Tornará a ter compaixão de nós; pisará aos pés as nossas iniquidades e lançará todos os nossos pecados nas profundezas do mar. Mostrarás a Jacó a fidelidade e a Abraão, a misericórdia, as quais juraste a nossos pais, desde os dias antigos."* **(Miquéias 7:18,19)**

O remorso é a tristeza pelas decorrências de um pecado, mas não pelo próprio pecado. Ele gera medo e angústia para a própria pessoa, que faz de tudo para justificar o seu erro e, assim, livrar-se do mal.

No remorso, não há preocupação por ferir a Deus e macular o seu relacionamento com ele, mas sim de resolver o que está atingindo a sua paz.

O remorso, em si, pode levar a uma tristeza que adoece a alma, afasta-nos de Deus e leva ao suicídio. Imobiliza a ação do Espírito Santo.

Quando houver o arrependimento verdadeiro e a restauração feita por Deus, haverá também a reconciliação com o nosso próprio espírito. Sentiremos a sensação agradável da volta aos braços do Pai.

O arrependimento leva-nos a uma reflexão verdadeira, pois é um sofrimento consciente. Na realidade, o arrependimento genuíno deriva do espírito, da consciência espiritual. O que nos leva à necessidade de mudança. É o real caminho para o perdão, o que arranca as raízes de amargura.

O remorso não sai do nível humano.

O remorso leva à morte. Quando Judas vendeu Jesus por trinta moedas, terminou apavorado com o seu próprio ato, devolveu as moedas e se matou. Creio que se ele tivesse se arrependido e rogado perdão a Jesus, este o perdoaria.

Isso é apenas um exemplo, pois sabemos que ali estava se cumprindo a Palavra.

Como sabemos se o arrependimento é genuíno? Quando não temos mais vontade de voltar ao pecado. Quando reconhecemos o mal que ele nos fez, especialmente por interromper o nosso relacionamento com Deus. Quando, após cometê-lo, ouvimos o alerta do Espírito Santo e a tristeza por ter pecado. Então sentimos a necessidade de pedir perdão a Deus.

No entanto, quanto mais intensa é a nossa satisfação com as coisas do mundo, mais dificuldade temos em reconhecer que pecamos. E vamos nos acostumando a pecar, até que o nosso coração endurece e perdemos a visão do certo e do errado, não mais distinguindo os valores do mundo e os de Deus.

O remorso busca a nossa satisfação pessoal. Fizemos algo que nos atingiu. Então precisamos apenas consertar o erro que nos incomoda, para aliviar o nosso ego.

O remorso não anula o pecado, mas esse cada vez mais deixa-se atingir por ele. Não visa a reconciliação com Deus. Nem chega ao patamar do espírito.

O SANGUE DE JESUS E
A ARMADURA DE DEUS - PROTEÇÃO

Jesus Cristo diz, em sua Palavra:

> *"Estas coisas vos tenho dito para que tenhais paz em mim. No mundo, passais por aflições; mas tende bom ânimo; eu venci o mundo."* ***(João 16: 33)***

Como Pai que conhece as limitações dos seus filhos, ele ensina a nos defendermos, nos dias maus ou nos momentos necessários.

Por isso, é de grande importância que aprendamos a nos revestir com a proteção do nosso adorado Jesus Cristo, dizendo:

Eu me cubro com o Sangue de Jesus.

E me visto com a Armadura de Deus:

- O cinturão da Verdade
- A couraça da Justiça
- A sandália da preparação do evangelho da Paz
- O escudo Fé
- O capacete da Salvação
- A espada do Espírito Santo.

Pois assim cobertos com o Sangue de Jesus e vestidos com a Armadura de Deus, estaremos aptos a viver neste mundo, sob a total proteção de Deus.

Sobre a importância deste assunto, assim Paulo falou aos Efésios:

> *"Revesti-vos de toda a armadura de Deus, para poderdes ficar firmes contra as ciladas do diabo; porque a nossa luta não é contra o sangue e a carne, e sim contra os principados e potestades, contra os dominadores deste mundo tenebroso, contra as forças espirituais do mal, nas regiões celestes. Portanto, tomai toda a armadura de Deus, para que possais resistir no dia mau e, depois de terdes vencido tudo, permanecerdes inabaláveis. Estai, pois, firmes, cingindo-vos com a verdade e vestindo-vos da couraça da justiça. Calçai os pés com a preparação do evangelho da paz; embraçando sempre o escudo da fé, com o qual podereis apagar todos os dardos inflamados do Maligno. Tomai também o capacete da salvação e a espada do Espírito, que é a palavra de Deus; com toda oração e súplica, orando em todo tempo no Espírito e para isto vigiando com toda perseverança e súplica por todos os santos!"* **(Efésios 6:11-18)**

Vamos, agora, descrever os elementos espirituais que compõem a Armadura de Deus e seus significados.

1 – Cinturão da Verdade
A verdade é algo fundamental para nos garantir a proteção divina. Ela é um componente do caráter de Deus. O cristão necessita ter seus atos, palavras e omissões baseados na verdade, para que possa estar ligado a Deus.

> *"Porque nada podemos contra a verdade, senão em favor da própria verdade."* **(II Coríntios 13:8.)**

Em grego, verdade = *aletheia*, a verdade em qualquer assunto, em coisas relativas a Deus e às obrigações do ser humano. Deve estar presente em todas as circunstâncias de nossas vidas e moldar o nosso caráter.

2 – Couraça da Justiça
É a parte que protege o tórax, do pescoço à cintura, onde se encontram o diafragma, nervos, coração e pulmões. Órgãos importantíssimos para a vida do ser humano.
Justiça, em grego, é *dikaiosune*, atributo de quem está em conformidade com o que é direito. Integridade, virtude, sentimento e ação corretos são qualidades para que resistamos firmes em Deus, no dia mau.

3 – Sandália da preparação do Evangelho da Paz
A que nos leva a sermos conduzidos, em conformidade com os ensinamentos do Evangelho, para que possamos receber de Deus a resposta às nossas petições.
Paz, em grego, é *eirene*, ausência de guerra, concórdia, segurança.
A paz do cristão é aquela que nos garante a presença do Espírito Santo. A que excede todo o entendimento e que é fruto do nosso relacionamento com Deus.

4 – Escudo da Fé
A nossa defesa. Semelhante a um escudo romano, grande e quadrado, que cobria quase todo o corpo do soldado.
Fé, em grego, é *pistis*, a convicção de que Deus existe e é o Criador de tudo e de todos. O doador da salvação eterna, por meio do sacrifício de Jesus, na cruz. No dia mau, a fé será nossa protetora contra as ciladas do diabo, as confusões malignas e as tentações do inimigo.
É a fé salvífica, a qual garante que a soberania de Deus jamais se desestabilizada em nossas vidas, mesmo nas ocasiões mais difíceis.

5 – Capacete da Salvação

A cabeça é um alvo usado pelo inimigo, para desestabilizar e matar o guerreiro. Nela estão órgãos vitais como o cérebro, o cerebelo e o bolbo raquidiano, os principais responsáveis pelas funções psíquicas, motoras e do equilíbrio do corpo, protegidos pela meninge e pela caixa craniana. É também onde se encontram órgãos de grande importância para o nosso corpo, como o globo ocular, onde estão os olhos, a visão, o aparelho auditivo, a audição.

Nossa cabeça deve estar protegida no dia mau, contra as tentativas do diabo de atingir-nos pela razão, emoções e ataques psíquicos.

Salvação, em grego, é *soterion*, o que salva, que traz salvação, esperança futura da salvação.

Aqui está relacionada à salvação em Cristo. A nossa salvação eterna.

6 – Espada do Espírito

É a Palavra de Deus, nossa arma contra as forças de Satanás. Foi o instrumento que Jesus Cristo usou contra as tentativas de ataque do diabo, no deserto. Precisamos crer, ler e conhecer a Bíblia, onde se encontram os preceitos de Deus, que nos garantem a vitória no dia mau.

Deus é o Senhor da Justiça e da Verdade. Ele garante o cumprimento de sua Palavra. Se estivermos embasados nela, não há impossíveis que Ele não vença em nossa vida, em nossa defesa.

O sangue de Jesus fica por baixo da armadura, pois se essa é perfurada, o sangue de Jesus permanece intacto e nos protege.

O sacrifício que Jesus realizou na cruz, derramando seu sangue por nós, tem poder para nos salvar e nos libertar de todo o mal.

Devemos nos revestir com a armadura de Deus, também para enfrentar o dia mau.

MARA BITTENCOURT DA ROSA

"A seguir, [Jesus] tomou um cálice e, tendo dado graças, o deu aos discípulos, dizendo: Bebei dele todos; porque isto é o meu sangue, o sangue da [nova] aliança, derramado em favor de muitos, para remissão de pecados." **(Mateus 26:27, 28)**

PREPARAÇÃO PARA O SOBRENATURAL DE DEUS

> *"Ó Senhor, Senhor nosso,*
> *Quão magnífico em toda terra é o teu nome!*
> *Pois expuseste nos céus a tua majestade*
> *Para fazeres emudecer o inimigo e o vingador.*
> *Quando contemplo os teus céus, obra dos teus dedos,*
> *A lua e as estrelas que estabeleceste,*
> *Que é o homem que dele te lembres?*
> *E o filho do homem, que o visites?*
> *Fizeste-o, no entanto, por um pouco,*
> *Menor do que Deus e de glória e de honra o coroaste.*
> *Deste-lhe domínio sobre as obras da tua mão*
> *E sob seus pés tudo lhe puseste."*
> **(Salmo, 8:1,3-6)**

Às vezes fico a pensar na desproporção entre a imensidão incomparável do universo e a minha insignificância cósmica. E quanto mais penso, mais creio no amor infinito do Deus que me criou.

Quando considero que aquele que estabeleceu o universo é infinitamente grande, não consigo deixar de ficar admirada que se importe comigo, apenas mais um entre bilhões e bilhões de seres humanos que já passaram por este planeta.

Realmente a minha imaginação, por mais que voe solta por dentre os bilhões de neurônios e interligações que formam o meu cérebro, são limitados para conhecer a grandiosidade do agir de Deus.

E, maravilhada, penso que não fomos incluídos de forma impessoal na massa de homens e mulheres pelos quais Cristo morreu, pois seu amor nos atinge individualmente.

O fantástico é crer que quando oro, posso dirigir-me ao Criador do Universo, ao Único Deus, ao Autoexistente e chamá-lo de "Pai"! E ainda mais, com o consentimento bíblico.

> *"Porque não recebestes o espírito de escravidão, para viverdes, outra vez, atemorizados, mas recebestes o espírito de adoção, baseados no qual clamamos: Aba, Pai."*
> **(Romanos, 8:15)**

Aba Pai é uma expressão bíblica que tem origem no aramaico "ábba" e que significa pai ou meu pai.

Ábba é uma palavra aramaica coloquial, que expressa um sentimento íntimo de relacionamento entre pai e filho, cheio de carinho, confiança e amor, e que reflete uma única expressão, algo semelhante a papai ou paizinho, em português. Então posso chamar Deus de papai!!! Ele me autorizou!!!

Creio, então, que quando entreguei minha vida a Cristo, passei a fazer parte da família de Deus e ganhei a condição de filha, co-herdeira com o próprio Jesus! Tenho a liberdade de entrar, sem constrangimento, na presença do Eterno e levantar a minha voz em adoração e gratidão.

Posso sentir meu coração e ver o quanto ele se alegra na presença do meu Deus. E mais, posso pedir a esse Deus, que é meu Pai, que Ele sonde o meu coração, veja o tamanho do meu amor e da minha adoração por Ele e tire de mim tudo o quanto não vem ao encontro de sua vontade.

É maravilhoso saber que o Espírito Santo presta atenção ao que falo e compreende as situações pelas quais passo.

Esse Deus imensuravelmente poderoso e potencialmente bom, ama-nos, a ponto de enviar seu Filho ao mundo para restaurar nosso relacionamento com ele.

Jesus deixou sua glória e se fez homem, experimentando em si mesmo o que é e o que sente o ser humano, mas sem em nenhum momento desagradar a Deus: foi obediente até as últimas consequências. E nos garantiu a graça maior de viver a eternidade com Ele.

E o amor de Deus inclui também aqueles que desprezamos, de quem desviamos o olhar para tentar fingir que não existem, mas que para o Senhor são tão importantes quanto qualquer outra pessoa que habita este planeta.

Bendito seja o nosso Deus, tão grande em GLÓRIA, HONRA, PODER, AMOR, MISERICÓRDIA, PAZ e PERDÃO!!!

Um dos motivos pelos quais os cristãos não se sentem bem neste mundo é porque ele é provisório. Uma morada celestial já foi preparada por Deus para os seus filhos, no céu. E eles sabem disso.

Tal sentimento nos anima a viver o momento presente, buscando mais a Deus, na certeza de que um dia estaremos diante Dele.

É maravilhoso termos a liberdade e o direito de ouvir a Deus. Você já murmurou porque Deus fala com os outros e com você não?

Sei que há muitos que querem ouvi-lo e espero que você, leitor, seja um deles. O que você tem feito para isso? Tem lido, estudado a Bíblia, sempre pedindo que o Espírito Santo fale com você? Tem demonstrado ao Senhor o quanto anseia por Ele e necessita ouvir a sua voz? Tem lhe falado de sua dependência dele?

Você está atento àquilo que Deus quer falar com você?

Afine os seus ouvidos, limpe a sua alma, libere seu espírito, para ouvir Deus. O Espírito Santo não convive com sentimentos maus dentro de nós e a maior condição para ouvirmos a sua voz é uma vida cheia da sua presença.

Confira se aquilo que ouve está de acordo com a Bíblia. Se acha difícil, peça a orientação de um líder ou pastor.

Se você for cristão, desejará levar uma vida que agrade a Deus. E como fazer isso? Não pretendo lhe dar uma receita exata, mas vamos examinar algumas propostas práticas. Se moldarmos nossa vida de acordo com elas, já estaremos bem encaminhados.

Vou citar aqui a fé, a confissão, a oração, a obediência, a humildade, o amor e a gratidão.

Convido você a andar pelo caminho sobrenatural de Deus.

> *"Todas as veredas do SENHOR são misericórdia e verdade para os que guardam a sua aliança e os seus testemunhos."* **(Salmos 25:10)**

Fé

A Bíblia diz que:

> *"Fé é a certeza das coisas que se esperam e a convicção de fatos que não se veem."* **(Hebreus 11:1)**

Considero a fé uma das maiores dádivas que Deus deu ao ser humano. Pois ela é a essência de nossa intimidade e comunhão com Ele. É através da fé que realmente chegamos ao seu pleno conhecimento. Sem ela seríamos meros habitantes deste mundo, com a visão limitada apenas ao que se vê.

A fé é a luz fantástica que ilumina o invisível e o torna real. É o caminho para a maior graça que o ser humano pode receber: a sua salvação eterna.

E por ela somos salvos, não pelas boas obras, como já falamos anteriormente.

> *"Porque pela graça sois salvos, por meio da fé; e isto não vem de vós, é dom de Deus; não vem das obras para que ninguém se glorie."* **(Efésios 2: 8,9)**

As boas obras são uma decorrência do amor que recebemos de Deus. E nos darão galardões no céu. Mas a salvação nos foi dada pela graça, oriunda do sacrifício de Jesus.

A fé alastra os nossos horizontes e faz do impossível o possível. Creio que o nosso espírito é o seu *habitat*. Nele ela nasce, cresce e se aperfeiçoa.

O nosso maior anseio é o conhecimento de Deus. Quem Ele é, onde está, a dimensão do seu poder, a grandiosidade do seu amor. Às vezes passamos a vida buscando-o, das mais diversas formas, nos lugares mais inusitados, até que um dia o achamos, onde talvez menos o tenhamos procurado, no mais recôndito dos nossos corações.

E passamos a conviver com Jesus Cristo, sentindo em nós a sua presença amorosa, que vai agindo em todo o nosso ser, aperfeiçoando o nosso crescimento, cultivando em nós os seus valores, dando-nos as suas ordens, ensinando-nos e capacitando-nos a cumpri-las.

E à medida que formos recebendo dele a preciosidade da sua presença e ensinamentos, mais o amaremos e confiantes nele ficaremos. E a fé em Deus, mesmo submetida às mais severas provações, não diminui, nem desaparece. Ela permanece firme e resiliente em seu propósito de estar com Deus, independente das situações com que se depare.

Há um momento em que as nossas orações nos levam a uma intimidade tão grande com Deus que o vislumbre de sua presença nos faz transbordar em lágrimas, ultrapassando em muito as nossas emoções e enchendo de unção os nossos espíritos.

Então, a nossa visão espiritual vai crescendo. E vemos a sua presença em todos os âmbitos de nossas vidas. Passamos a conviver com a sua possibilidade nos nossos impossíveis.

A paz, que não tínhamos, começa a surgir na certeza da proteção de Jesus. Onde as nossas ações eram impedidas por nossa insuficiência humana, agora são sustentadas por sua força divina. Quando as dores atingem a nossa alma e o nosso corpo, nossa esperança fortalece na certeza do seu poder de cura. Ao desfalecermos diante da nossa falta de merecimento, revivemos cientes da sua graça.

Quanto maior a nossa fé no Deus que nos rege, mais fácil e verdadeira será a nossa entrada no seu sobrenatural. E mais próximo Dele estaremos.

Quando se anda nesse nível de fé, Deus age em nosso favor, estamos no nível da sua graça. Há uma ligação do Céu com a Terra. De você com Ele.

A fé em Deus nos assegura a presença do poder maior que Ele é, nos permite usufruir de todas as suas bênçãos, os privilégios de filhos que nele creem e a Ele pertencem. Ela é o fundamento mais importante do nosso relacionamento com Deus, nos impulsiona a aceitar o que a nossa razão não permite. E nos eleva à esperança de um futuro melhor, nesta vida e, especialmente, na eternidade com Deus. Por ela poderemos experimentar o sobrenatural divino.

Confissão

"Então reconheci diante de ti o meu pecado e não encobri as minhas culpas. Eu disse: 'Confessarei as minhas transgressões ao Senhor', e tu perdoaste a culpa do meu pecado."
(Salmo 32:5)

Se quisermos falar com Deus, é preciso desobstruirmos o caminho de sua entrada em nós. Expulsarmos o pecado, limparmo-nos da sujeira do mal, despirmo-nos do orgulho, da vaidade, da superioridade humana e, em especial, reconhecermos os nossos erros e confessá-los ao Senhor.

Enquanto não reconhecermos diante de Deus os nossos pecados, não daremos a Ele a oportunidade de nos perdoar. Ele é justo, cumpre a sua Palavra e está sempre disposto a nos acolher, mas se não assumirmos os nossos erros, não admitirmos que pecamos, de que pediremos perdão? O que confessaremos a Ele?

E o pecado continuará lá, servindo de pedra de tropeço à nossa vida.

"Se dissermos que não temos pecado nenhum, a nós mesmos enganamos, e a verdade não está em nós. Se confessarmos os nossos pecados, ele é fiel e justo para nos perdoar os pecados e nos purificar de toda injustiça." **(I João 1:8,9)**

O pecado não confessado afasta o ser humano de Deus. Interrompe as orações. Corta a nossa comunicação com Ele.

Deus não se afasta de nós. Nós nos afastamos Dele, como uma pessoa que envergonhada por culpa não consegue olhar nos olhos do inocente a quem ofendeu. A luz de Deus ofusca o pecador e o seu grande amor nos leva ao arrependimento e à confissão.

A confissão a Deus é o bálsamo maior para um coração arrependido. É como limpar a alma e deixá-la liberta para receber o bem.

Ao confessarmos os nossos pecados estaremos fazendo uma terapia tanto espiritual, como emocional. E o resultado será o benefício da paz que se renovará em nós, deixando-nos mais felizes e leves, sem o fardo da culpa.

O Senhor se agrada de um coração arrependido e derrama seu bálsamo de cura sobre suas feridas, restabelecendo-o e devolvendo-lhe a alegria de viver.

Chegarmo-nos a Deus e, arrependidos, confessarmos a ele os nossos pecados, revela em nós um espírito de amor e humildade que muito agrada ao Senhor.

Oração

O sobrenatural de Deus, o mundo espiritual, é mais real do que este em que vivemos. A este vemos com nossos olhos físicos, àquele não conseguimos nem imaginar. E eu creio que essa é uma das maravilhosas bênçãos de Deus, pois jamais estaríamos preparados para enxergar o que nos rodeia, em secreto.

E, quando nele penetramos, nosso espírito é guiado e protegido pelo Espírito Santo. Quanto mais purificado estivermos, maior será a nossa ligação com Deus e a facilidade de nos aproximarmos dele. Por isso, a necessidade de pedirmos perdão pelos nossos pecados, antes de iniciarmos uma oração.

Precisamos orar, pois a oração é a arma dos filhos de Deus. Quando tudo parece perdido, ela nos leva à sua presença e o seu poder soluciona o que antes nos parecia impossível.

E nos direciona, como cristãos, a melhor servi-lo neste mundo.

É o momento em que paramos diante do Senhor e ouvimos a sua voz, nos dando as suas ordens e nos capacitando e ensinando a cumpri-las.

Jesus mostrou pessoalmente aos seus discípulos a importância da oração, quando os ensinou a orar.

> *"Portanto, vós orareis assim:*
> *Pai nosso, que estás nos céus,*
> *santificado seja o teu nome;*
> *venha o teu reino;*
> *faça-se a tua vontade, assim na terra como no céu*
> *o pão nosso de cada dia dá-nos hoje;*
> *e perdoa-nos as nossas dívidas,*
> *assim como nós temos perdoado aos nossos devedores;*
> *e não nos deixes cair em tentação;*
> *mas livra-nos do mal*
> *pois teu é o reino, o poder e a glória para sempre.*
> *Amém!"*
> **(Mateus 6: 9-13)**

> *"Porque, se perdoardes aos homens as suas ofensas, também vosso Pai celeste vos perdoará; se, porém, não perdoardes aos*

homens [as suas ofensas], tampouco vosso Pai vos perdoará as vossas ofensas." **(Mateus 6:14-15)**

Quanto ao jejum, o próprio Senhor nos disse:

"Quando jejuardes, não vos mostreis contristados como os hipócritas; porque desfiguram o rosto com o fim de parecer aos homens que jejuam. Em verdade vos digo que eles já receberam a recompensa. Tu, porém, quando jejuares, unge a cabeça e lava o rosto, com o fim de não parecer aos homens que jejuas, e sim ao teu Pai, em secreto; e teu Pai, que vê em secreto, te recompensará." **(Mateus 6:16-18)**

Entendo a oração como um verdadeiro derramar do nosso coração diante de Deus. Creio que orar é o meio mais eficiente de desfrutarmos a presença santa do Senhor. É transportarmo-nos, protegidos, ao sobrenatural de Deus. Falarmos com ele, pedir-lhe colo, quando triste estamos; louvá-lo e dar-lhe graças, quando alegres estivermos.

"A ti, Senhor, elevo a minha alma." **(Salmos 25:1)**

Una o seu coração ao de Deus. Consagre a Ele a sua vida. É a melhor forma de você crescer em comunhão com Ele. Mostre-lhe o quanto o adora, diga-lhe do seu amor e total dependência dele.

Peça a direção do Espírito Santo, pois Ele abre o céu e alinha o seu coração com Deus.

Existe uma linha divisória entre o natural e o sobrenatural. Só Deus nos pode fazer atravessá-la. E a oração aquebrantada nos levará à sua permissão.

Quando formos orar pelos enfermos, não podemos duvidar. A incredulidade e a dúvida desligam o sobrenatural que está sobre nós. Nossa oração precisa estar convicta do poder de Deus. Como receber a graça ou o milagre, se não crermos em quem os executa?

"E escandalizavam-se nele. Jesus, porém, lhes disse: Não há profeta sem honra, senão na sua terra e na sua casa. E não fez ali muitos milagres, por causa da incredulidade deles." **(Mateus 13:58)**

Devemos orar sempre e esperar o tempo de Deus para recebermos suas respostas. Muitas vezes, nossas emoções debilitadas nos levam à exigência de respostas imediatas e, se não as tivermos, somos levados a esmorecer na fé e agir com precipitação. E o resultado serão decisões erradas.

O tempo de Deus é diferente do nosso e a sua sabedoria infinitamente maior. Ele tem o seu momento oportuno de ação nas nossas vidas. Às vezes, um "não" do Senhor é a sua melhor decisão para o nosso momento.

"Portanto, aproximemo-nos do trono da graça com confiança, a fim de recebermos misericórdia e encontrarmos graça para ajuda em momento oportuno." **(Hebreus 4:16)**

Entre outras, mostro aqui três formas de oração:

1 – Oração de adoração
É a que nos impulsiona, através do amor e da adoração, elevando nossos espíritos a Deus, na vontade enorme de com Ele nos comunicarmos.

É a que nos eleva diretamente ao sobrenatural divino. Quando o nosso eu fica quietinho e nos prostramos totalmente diante da presença soberana do Senhor. Ficamos adorando a sua majestade, impactados diante da grandiosidade do seu poder e glória. E emocionados perante a grandiosidade do seu amor, choramos muito, derramando diante dele os nossos corações. Consagramos a Ele as nossas vidas.

Só queremos chegar pertinho de Jesus, sentar ao seu lado, olhar nos seus olhos, deitar a cabeça no seu colo. Ficarmos ali com Ele, sentindo a ternura do seu carinho e, ao mesmo tempo, a segurança da sua proteção.

É um momento tão maravilhoso que dele não queremos sair, pois sabemos que nada neste mundo poderá nos levar a um sentimento mais forte e sublime. É quando ficamos felizes por sabermos que Jesus está ciente de tudo o que se passa nos nossos corações e assim pode ver a dimensão do nosso amor por Ele.

Duas pastoras foram orar no monte. Chegando lá, começaram a interceder e clamar ao Senhor pelos motivos que pretendiam pedir, mas, de repente, o Espírito Santo as tocou e elas começaram só a adorar a Deus.

Quando abriram os olhos, havia vinte e cinco crianças ao redor delas. Então perguntaram o que estava acontecendo. As crianças responderam: por que vocês estão brilhando tanto? Que luz é essa que está nos seus olhos?

2 – Oração de pedidos e intercessão

É quando pedimos ao Senhor a satisfação de nossas necessidades, ou intercedemos pelas carências alheias. Devemos começar pedindo perdão pelos nossos pecados, cobrindo-nos com o Sangue de Jesus e vestindo-nos com a Armadura de Deus, colocando-nos sob a sua total e completa proteção.

Neste momento, reconhecemos diante Dele os seus atributos de poder absoluto sobre o universo, este mundo e, especialmente, sobre nós. Usamos a fé que nos leva à certeza das orações respondidas pelo nosso Deus, de sabedoria e de milagres. Agradecemos a Ele a sua misericórdia e poder ao responder-nos, realizando curas, suprindo necessidades, operando milagres.

É a oração que nos leva ao coração do nosso próximo, sentindo a sua dor, e clamando a Deus para curá-la. É quando clamamos a Deus a sua misericórdia e amor, em favor do nosso próximo, que muitas vezes nem conhecemos.

3 – Oração de guerra

> *"As multidões atendiam, unânimes, às coisas que Filipe dizia, ouvindo-as e vendo os sinais que ele operava. Pois os espíritos imundos de muitos possessos saíam gritando em alta voz; e muitos paralíticos e coxos eram curados. E havia grande alegria naquela cidade."* **(Atos 6-8)**

Essa oração, porém, nem sempre segue a sequência das outras duas. Devemos estar sem pecados, isto é, havendo inicialmente pedido perdão a Deus pelos nossos pecados. Também cobrirmo-nos com o Sangue de Jesus e vestirmo-nos com a Armadura de Deus, para entrarmos em guerra espiritual.

É quando enfrentamos as forças do mal.

E clamando, em nome de Jesus, ordenamos a retirada de demônios, espíritos de enfermidade e das forças do mal que estejam tomando conta de nós ou de outras pessoas. E eles obedecem, porque Jesus é quem dá as ordens através de nós.

Por isso devemos ser canais de bênçãos, onde o Espírito Santo possa habitar e realizar as ordens de Jesus neste mundo.

Para sabermos se a pessoa por quem oramos foi liberta, devemos ordenar a ela que diga: Jesus é o meu Salvador. Se disser, foi liberta; caso contrário, ainda não. Então o trabalho deve continuar. A pessoa possuída pelas forças do mal não consegue pronunciar o nome de Jesus.

Aconselho às pessoas que quiserem ser intercessores espirituais que estejam com a vida em ordem com Deus. E asseguro-lhes que Jesus vence essas batalhas, conosco!

Quanto mais orarmos e buscarmos a presença de Deus, com os nossos corações aquebrantados, mais comunhão e intimidade com Ele teremos. E maior será a nossa facilidade de orar, nos aproximar dele e ouvir a sua voz.

No entanto, se formos pegos de surpresa, não devemos nos assustar, nem hesitar ao expulsar demônios, porque Jesus estará conosco. Por isso a necessidade de pedirmos perdão sempre, especialmente quando o Espírito Santo nos sinaliza que pecamos e assim estaremos sempre prontos para os casos de emergências.

> *"O anjo do Senhor acampa-se ao redor dos que o temem e os livra."* **(Salmos 34:7)**

Obediência

> *"Quem dera que eles sempre tivessem tal coração, e sempre me temessem e guardassem todos os meus mandamentos! Assim tudo iria bem para eles e para os filhos deles para sempre!"* **(Deuteronômio 5:29)**

A salvação é de graça. O amor de Jesus é incondicional, mas a bênção é condicionada à obediência.

A fé espiritual envolve obediência. Ninguém pode dizer que crê em Deus se não estiver disposto a obedecê-lo.

Deus tem o melhor para nós, mas é preciso que o reconheçamos. Como podemos esperar as respostas que buscamos, se andarmos em desacordo com a sua verdade?

A nossa obediência a Deus é demonstrada no nosso estilo de vida. Este certamente vai refletir quem somos. A vida dele precisa ser vista em nós, nas nossas palavras, atos e omissões. No que a sua Palavra nos orienta a fazer e no que não nos permite realizar.

Por isso devemos procurar educar as nossas emoções, contê-las nos momentos de intolerância e impaciência. Quantas vezes precisamos nos controlar e ceder, para permanecermos sob a vontade de Deus e não o desagradar?

> *"Jesus respondeu: Se alguém me ama, guardará a minha palavra; e o meu Pai o amará, e viremos para ele e faremos nele morada."* **(João, 14:23)**

Obedecer a Deus é uma grande prova do nosso amor a Ele. É aceitarmos o propósito que Ele tem para nós, abrindo as portas do nosso coração para que Ele entre e tenha total liberdade sobre as nossas vidas.

É através da obediência aos seus mandados que obteremos, cada vez mais, a sua proteção e os seus cuidados de Pai amoroso.

A obediência abre a Deus o nosso livre-arbítrio. É por onde concordamos que Ele entre e faça morada em nós.

Só o Espírito Santo em nós é capaz de controlar nossos impulsos e desejos humanos. É preciso pedir e permitir a ele que nos encha e capacite cada vez mais. Eu creio que sozinhos não temos poder suficiente para agir dentro da suprema vontade de Deus. Por isso precisamos rendermo-nos ao Espírito Santo e rogar-lhe que nos ensine a agir como filhos do Altíssimo.

Obedecer a Deus é honrá-lo e glorificá-lo com as nossas vidas.

Humildade

> *"Não façam nada por interesse pessoal ou desejos tolos de receber elogios; mas sejam humildes e considerem os outros superiores a vocês mesmos."* **(Filipenses 2:3)**

O grande exemplo de humildade nos foi dado por Jesus. Ele deixou a sua morada celestial e veio a este mundo doar-se pela salvação dos homens. E aqui sofreu todas as atrocidades provenientes de um mundo em completo desajuste físico, moral e espiritual.

Viveu como homem, sofreu como homem, submetendo-se a todo tipo de humilhações, sem nunca desistir do cumprimento de sua missão salvífica.

A humildade é uma virtude que aproxima o ser humano de Deus, nos faz mais dignos do seu amor. E nos capacita a melhor servi-lo, reconhecendo a sua superioridade sobre nós, fazendo tudo com a atitude de filho e amor de irmão.

Há pessoas que confundem humildade com covardia. O verdadeiro sentido da humildade que Jesus pregou é o quebrantamento de coração. O inimigo usa o sentido da humildade para nos convencer de que somos desmerecedores da graça que Jesus conquistou na cruz para todos nós, dizendo-nos pequenos e insignificantes neste mundo. E então, os homens e mulheres vão se convencendo disso e nada fazem por si e nem pelo reino de Deus.

Jamais podemos nos calar, deixando de levar Deus às pessoas. Devemos ter cuidado com a falsa humildade, sob a qual desculpamos o nosso silêncio omisso.

Muito menos, humildade é antônimo de ousadia. Humildade é uma característica própria dos bons, daqueles que respeitam e amam ao próximo. Ousadia é o que leva os cristãos a executarem, com fé, a obra de Deus, neste mundo.

Somos humildes quando submetemos os nossos pensamentos aos de Deus, reconhecendo a sua soberania e obedecendo à sua Palavra, em sinal de respeito, amor e gratidão pelos seus ensinamentos.

Quando a pessoa é realmente convertida e reconhece a sua submissão a Deus, ela demonstra em seus atos uma gentileza genuína para com os outros.

Uma mulher humilde, que estava quieta durante uma reunião de célula, falou uma vez e disse o mais importante:

Alguém perguntou: por que os cristãos chamam mais atenção? Ela respondeu: porque suas vestes são brancas, nas quais aparecem quaisquer manchinhas.

Humildade não é atitude pública que visa a vaidade do cristão, mas sim um comportamento íntimo que reconhece a superioridade de Deus sobre nós.

Só os bons conseguem ser humildes, pois eles têm a virtude da humildade em seus corações.

A humildade sincera é aquela existente em uma pessoa que sabe do seu valor pessoal e não se sente diminuída por ser boa.

Amor

> *"Quem não ama não conhece a Deus, pois Deus é amor. Nisto se manifestou o amor de Deus em nós: em haver Deus enviado o seu Filho unigênito ao mundo, para vivermos por meio dele."* **(I João 4: 8,9)**

Creio que o maior significado de amor está em que Deus é amor, tão intenso e verdadeiro que se exprime em todas as suas características, como fator essencial.

O amor, de origem divina, é o sentimento mais puro, mais nobre e o que nos eleva à essência de Deus. Criados à sua imagem e semelhança, temos em nós a herança genética desse amor. E isso dignifica o ser humano, enobrece as suas ações, dá sentido à sua vida.

O amor divino nos inspira ao bem, iluminando-nos o espírito. E nos indica o caminho reto do coração de Deus.

Um dia, um intérprete da lei perguntou a Jesus: "Mestre, qual é o grande mandamento na Lei? Jesus respondeu: Amarás o Senhor, teu Deus, de todo o teu coração, de toda a tua alma e de todo o teu entendimento. Este é o grande e primeiro mandamento. E o segundo, semelhante a este, é: Ame o seu próximo como você ama a si mesmo."

Creio que quando Jesus respondeu essa pergunta, ele não pensou em pedir nada impossível ao homem. Convicto de que Deus criou o ser humano à sua imagem e semelhança, sabia que o amor estava presente na constituição desse ser. Por isso seria esse sentimento a maior ligação das criaturas com o seu Criador.

Ao amar, o homem está executando uma característica divina, aproximando-se do nível espiritual que o eleva a Deus. Jesus sabia disso e vislumbrava o amor nos homens, talvez em níveis desiguais, mas sempre existente, por mais escondido que estivesse em corações feridos ou em mentes cultivadas somente pela cultura do mundo.

Então ele veio difundir esse atributo essencial de Deus. E com base nele, salvar a humanidade tão distante de suas verdadeiras origens.

Em sua mensagem, Cristo embasa os seus ensinamentos no amor divino. Objetiva levar a humanidade a aproximar-se do Senhor. A conhecê-lo e adorá-lo como Deus e amá-lo como Pai, sobre todas as coisas.

Este é o primeiro mandamento.

E o segundo, continuação do primeiro, é amar ao próximo como a si mesmo.

Ver no outro ser humano uma extensão da sua natureza. Segurar a sua mão, quando estiver caído e ajudá-lo a levantar quando precisar de socorro. Chorar com suas tristezas e sorrir com suas alegrias. Importar-se realmente com as necessidades alheias e unir forças para supri-las.

Encorajar com fé, contribuir com liberalidade, liderar com zelo, exercer misericórdia com alegria.

Formar um elo de amor com todas as pessoas e fortalecer as bases da raça humana, visando o sustentáculo do mundo em que vivemos.

Gratidão

Eu me criei ouvindo o meu pai falar que gratidão é algo que só existe no coração dos bons. E eu sempre concordei com isso.

Hoje compreendo o real valor da gratidão. E sei que ele vem de Deus. Creio que é inerente ao seu amor, à sua bondade, que são características que o definem.

Jesus expressou o valor da gratidão e isso está escrito na Bíblia.

> *"Ao entrar numa aldeia, saíram-lhe ao encontro dez leprosos, que ficaram de longe e gritaram: Jesus, Mestre, tem compaixão de nós! Ao vê-los, Jesus disse: Vão e apresentem-se*

> *aos sacerdotes. Aconteceu que, indo eles, foram purificados. Um dos dez, vendo que estava curado, voltou dando glória a Deus em alta voz e prostrou-se com o rosto em terra aos pés de Jesus, agradecendo-lhe. E este era samaritano. Então Jesus perguntou: Não eram dez os que foram curados? Onde estão os nove? Não se achou quem voltasse para dar glória a Deus, a não ser este estrangeiro? E lhe disse: Levante-se e vá; a sua fé o salvou."* **(Lucas 17:12-19)**

E sinto dizer-lhes, meus amados, que a ingratidão endurece o coração de Deus. Um dos exemplos dolorosos disso aconteceu com a nação de Israel, que tinha sido libertada da escravidão do Egito. Deus levou o povo pelo deserto, rumo à terra que lhes havia prometido, cuidando-o, dando-lhe comida e proteção. E mesmo assim, o povo ficou murmurando contra Moisés e se queixando de tudo. Por causa de sua ingratidão, aquelas pessoas ficaram 40 anos vagueando pelo deserto, em um caminho que poderiam ter feito em 40 dias.

A ingratidão ainda acontece em abundância no mundo em que vivemos. E talvez não estejamos atentos às suas consequências.

A gratidão está morrendo junto com o desprezo dos seres humanos aos verdadeiros valores. Tantas vezes esquecemos até de agradecer a Deus pelo dom da vida e da salvação. A maior graça que Dele recebemos.

Vamos nos tornando frios, insensíveis, calcados cada vez mais nos nossos pseudodireitos. E achamos que aquilo que nos é dado nada mais é do que cumprimento de obrigações. Nos apoiamos na vitimização que assola a humanidade.

A gratidão do abraço, da lágrima nos olhos, da sensibilidade do coração, vai perdendo a forma do amor. E vai sendo substituída pela cabeça baixa, que mal balbucia um triste agradecimento, resquício enfraquecido de uma longínqua educação.

Ou, ainda, a mãozinha informal do computador, com menos comprometimento.

Mas é preciso usar o tempo que nos resta neste planeta e converter a Deus a nossa mente e o nosso coração, agradecendo-lhe a vida que Ele nos deu e conserva neste mundo. A graça grandiosa da salvação adquirida pelo nosso amado Jesus. E tudo que dele recebemos, sem merecimentos, oriundos do seu verdadeiro amor.

Também agradecer aos nossos entes queridos e dizer-lhes, olhos nos olhos: obrigada pelo amor que até hoje não valorizei.

E aos próximos, que se tornaram nossos irmãos, as tantas vezes que nos fizeram bem.

E eu quero agradecer a Deus, pela graça de me usar como seu instrumento, destinado a levar as pessoas ao seu coração e mostrar-lhes o valor absoluto da gratidão.

A CONSTRUÇÃO DE NÓS MESMOS

> *"Finalmente, irmãos, tudo o que é verdadeiro, tudo o que é respeitável, tudo o que é justo, tudo o que é puro, tudo o que é amável, tudo o que é de boa fama, se alguma virtude há e se algum louvor existe, seja isso que ocupe o vosso pensamento."* ***(Filipenses 4:8)***

Deus nos criou à sua imagem e semelhança. Mas não nos fez robôs, sem vontade própria, o que nos diferenciaria dele.

Deu-nos o livre-arbítrio, pelo qual devemos escolher: honrar a sua imagem e semelhança em nós, adotando nas nossas vidas os seus ensinamentos e seguindo a sua direção, ou assumir uma autossuficiência que dispensa os valores do Criador, construindo os nossos, sob a influência errada de um mundo em decadência.

A soma de nossas ações mostrará quem somos. Por isso, a construção de nossas vidas está sob a nossa responsabilidade.

Podemos escolher entre agir com a bênção e orientação do Senhor, consultando-o e esperando suas respostas em nossos espíritos ou tomar a iniciativa de nossas ações racionalmente, dentro dos limites de nossa humanidade. Se assim o fizermos, estaremos nos alicerçando apenas em nossa matéria de seres humanos, e então, sozinhos, assumiremos a responsabilidade pelos seres que não gostaríamos de ver no espelho.

Infelizmente, grande número de pessoas não tem esse discernimento e anda pelo mundo tropeçando a cada instante, sem segurar a mão de Deus, já que não podem vê-la estendida na sua direção. Seus olhos estão cegos pelo pecado e pela incredulidade. Existe uma grande diferença entre reconhecer Deus e confiar nele.

Há pessoas que dizem acreditar em Deus e o comparam às coisas mais distantes e impossíveis ao descrevê-lo, talvez fugindo da responsabilidade de assumi-lo como autoridade suprema sobre as suas vidas.

Dizem que Ele é uma energia sobre o universo e atua na ordem e equilíbrio desse universo. Ou então, que pode ser dimensionado na perfeição da natureza. Ou que Ele age em uma dimensão tão superior que não nos é dado conhecer. Ou ainda, que ele está em todas as coisas.

Mas todas essas formas de crer em Deus fazem com que o ser humano se afaste Dele. E termine sentindo-se como algo distante e insignificante, a ponto de não ser visto por essa força suprema e superior.

E ao pensarem assim, tiram de si mesmos a maior riqueza da qual podem usufruir, a ligação com Deus, a comunhão com esse Ser Superior, e mais grave ainda, o reconhecimento de que nós somos a causa pela qual Deus mandou seu Filho Jesus Cristo sacrificar-se. Só isso não significará a importância que temos?

Nada fazem para realmente buscar o conhecimento daquele que um dia se fez homem, veio a esse mundo, viveu e morreu por nós, para restaurar a nossa relação com ele.

A falta de confiança em Deus nos enfraquece e torna a nossa vida mais difícil.

Nós, que fomos feitos para vivermos a eternidade com Ele, na sua glória, andamos neste mundo como mendigos espirituais, tristes, chorando, afogados nas superficialidades terrenas, como se aqui fosse a vida eterna.

Quantas pessoas estão pedindo a volta de Jesus, não para vê-lo ou usufruir do seu reino, mas para livrar-se de um mundo que os venceu, porque não souberam usar as armas de Deus, que esteve sempre à sua disposição!

O Criador nos deu a vida que é comparável a uma terra fértil, em que se plantando dá. E com ela, o livre-arbítrio para agirmos segundo a nossa vontade. O que de bom plantarmos, de bom colheremos. E o que não semearmos deixaremos espaços vazios, à mercê de ervas daninhas, plantadas pelos erros e desvalores deste mundo.

A Bíblia diz:

> *"Não vos enganeis: de Deus não se zomba; pois aquilo que o homem semear, isso também ceifará."* **(Gálatas 6:7)**

Deus nos deu um manual de instruções, que é a sua Palavra. Nela estão contidos todos os preceitos estabelecidos por Ele para a boa construção de nós mesmos. Porém, conhecer ou saber de cor a Bíblia não será suficiente, se não a incorporarmos à nossa vida, ao nosso comportamento.

Há de tudo posto no mundo. Coisas boas, oriundas do amor, do bem, da verdade, do perdão, da misericórdia, da caridade, e coisas ruins, provenientes do mal, do pecado, do egoísmo, da corrupção material e espiritual, da mentira, da violência, da impunidade. A nós cabe escolher o que plantar em nós, para sermos produtivos a Deus e ao mundo em que vivemos.

> *"Segundo eu tenho visto, os que lavram a iniquidade e semeiam o mal, isso mesmo eles segam."* **(Jó 4:8)**

Como devemos plantar em nós?

1. Colocando amor e vontade em tudo o que fazemos. Agindo como quem quer construir em si mesmo uma obra-prima para Deus.

> *"Façam todas as coisas com amor."* **(I Coríntios 16:14)**

2. Com alegria. A alegria é um dos temas predominantes no livro de Filipenses. A obediência a esse mandamento é sempre possível, mesmo em meio ao conflito, adversidade e privação, porque a alegria não se alicerça em circunstâncias favoráveis deste mundo, mas em Deus.

> *"Alegrai-vos sempre no Senhor; outra vez vos digo: alegrai-vos." **(Filipenses 4:4)***

3. Procurando sempre dar o melhor de nós mesmos.

> *"Porque Deus não nos tem dado espírito de covardia, mas de poder, de amor e de moderação." **(2 Timóteo 1:7)***

4. Com fé, em Deus e em nós. Visando uma obra perfeita, na qual meçamos nossos esforços, pelo nosso potencial bem empregado, sentindo o prazer de uma edificação bem feita.

> *"Fiquem alertas, permaneçam firmes na fé, mostrem coragem, sejam fortes." **(I Coríntios 16:13)***

O Senhor está sempre pronto a ajudar-nos na nossa construção, por isso a necessidade de orarmos a Ele, pedindo sabedoria, força e fé. Quem melhor do que o Criador para burilar a sua obra?

Deus precisa de pessoas com o espírito bem formado, não só a mente. Pessoas felizes, confiantes na sua Palavra, para serem usados na sua obra, aqui na Terra.

> *"Outrora éreis trevas, porém agora sois luz no Senhor; andai como filhos da luz (porque o fruto da luz consiste em toda bondade, justiça e verdade), provando sempre o que é agradável ao Senhor." **(Efésios 5:8)***

Somos apenas peças da engrenagem que move o mundo, por menor que seja o nosso papel, ele sempre será importante. Portanto, é grande a responsabilidade de sermos bons e darmos o melhor de nós para a construção de um mundo melhor.

Nunca subestime a influência que uma vida com Deus pode ter sobre as pessoas ao seu redor e às futuras gerações. Será como um guia divino a mostrar o caminho da eternidade.

Eu procurei colocar neste livro todo o ensino que recebi do Espírito Santo, para a construção de nós mesmos. Que ele seja um canal de bênçãos a todos aqueles que querem usufruir da verdadeira felicidade.

ENCERRAMENTO

Meus amados, chegamos ao fim deste livro. Aqui foi traçado o caminho para a eternidade com Deus. A base bíblica está completa. Ao leitor cabe a decisão de onde quer passar a vida eterna.

Mas ainda quero expor-lhes alguns fundamentos para trilhar esse caminho com Deus. Para usufruir a vida em abundância que Jesus prometeu aos seus filhos.

O ser humano foi criado por Deus para viver neste mundo e ser feliz, com as qualidades herdadas do Criador, com os recursos que necessitamos e dele recebemos. Mas, infelizmente, pela desobediência, entrou o pecado no mundo e corrompeu o que era perfeito.

Porém, pela graça divina, Jesus religou o homem a Deus e deu-lhe a maravilhosa oportunidade da salvação eterna.

Ainda temos muitas imperfeições a serem sanadas, mas com o amor do Pai, e o posicionamento certo do nosso livre-arbítrio, conseguiremos alcançar o objetivo maior de nossas existências que é a vida eterna com Deus.

O homem não é um recebedor passivo. Ele acrescenta, transmuta, cria novos contingentes à cultura recebida. Por isso tem necessidade de desenvolver o seu potencial, sua originalidade, seu senso criador, que são armas para a sua contribuição à sociedade. Benéficas ou não, conforme a matéria-prima de que se constitui e os valores em que acredita.

Precisa de um senso aprimorado de autorresponsabilidade, para consigo mesmo e sua interação com o mundo em que vive. Atentar ao que planta para colher o que merece.

Não deve desistir diante de dificuldades e perder o foco no que acredita, mas sim impor-se perante o medo da rejeição, do ataque, do passo desencontrado.

Precisa resistir à crítica e objeção às suas crenças mais nobres, especialmente àquelas que o dirigem a Deus.

Devemos ter muito cuidado com as nossas emoções, pois enquanto elas podem ser benéficas e potencializar o amor, a beleza, a paz, enchendo os nossos corações com o bálsamo da vida, que é a alegria, também podem intensificar as nossas dores, através das visões destorcidas, dos julgamentos errados e das palavras irresponsáveis.

Cito aqui alguns fatores, os quais deverão ser alvos de atenção, para que melhor possam ajudar, tornando mais feliz e produtiva a nossa jornada neste mundo.

- **Empatia** – colocar-se no lugar do outro para que possamos compreendê-lo e melhor aceitá-lo. Sentir as suas dores e vibrar com suas alegrias. Essa é uma arma fantástica para cumprir o mandamento tão importante que Jesus nos ensinou: "Amar ao próximo, como a ti mesmo". (Mateus 22:39)

- **Consciência** – da nossa vida, do mundo em que vivemos e da responsabilidade que nos cabe. Explorar o nosso interior, reconhecer os nossos problemas e procurar saná-los. Pois se assim não fizermos, estaremos permitindo que eles afetem não só a nossa felicidade, mas também o cumprimento de nossa tarefa na construção de um mundo melhor.

- **Autorresponsabilidade** – gerir bem o nosso livre-arbítrio. Evitar o erro de culpar os outros por nossos insucessos e frustrações. Estarmos sempre abertos a aprender. Os autorresponsáveis agem de maneira ativa. São eternos aprendizes.

- **Autocomiseração** – a qualidade prejudicial que devemos combater em nós. A pena que sentimos de nós mesmos e termina debilitando as nossas forças para lutar e vencer as nossas lutas. Abaixo de Deus, devemos assumir o controle e o resultado de nossas ações. Pobres daqueles que esperam e cobram do mundo oportunidades, em vez de criá-las.

- **Críticas** – menosprezar as obras e os sentimentos dos outros. Não divido este item em críticas destrutivas e construtivas, porque não acredito nas últimas. Quem quer ajudar na construção do outro, apresente-lhe soluções e não julgue os problemas, porque nas obras realizadas existe sentimento vivo.

- **Autojustificativa** – negar os próprios erros e tentar desculpar-se por eles. Isso é muito importante na busca do perdão. Como pedir perdão pelos nossos pecados se não os reconhecermos? O motivo fica vazio.

- **Mudança de estratégia** – não estagnarmos diante dos empecilhos. Exercitarmos a distância positiva do nosso olhar.

Tentarmos novas formas corretas e novos caminhos apropriados para chegar aos nossos objetivos.

Einstein já disse: "Loucura é fazer sempre as mesmas coisas e esperar resultados diferentes".

- **Resiliência** – *resilire* = voltar atrás, é algo muito importante e necessário ao desenvolvimento do potencial do ser humano. A resiliência reconstrói momentos importantes considerados destruídos nas nossas vidas. Capacidade que cada pessoa tem de lidar com seus próprios problemas, de sobreviver e superar momentos difíceis. É saber voltar atrás, com a esperança de acertar, a fé em Deus e em si mesmo.

- **Medo** – cuidado com o medo!!! Se ele pode ser fator de preservação da vida, ao anunciar o perigo, ele também pode destruir a nossa alegria, a nossa fé e nos impedir de desfrutarmos da segurança que nos dá a proteção de Deus.

Uma sociedade composta por homens psiquicamente sadios, emocionalmente seguros e cônscios de suas responsabilidades irá formar um país forte, livre e feliz.

Uma pessoa que vive usufruindo de todo o potencial recebido do Criador, terá mais fácil acesso a Ele e melhor irá caminhar na direção da eternidade com Deus.

Cuide da sua vida, não se desvie do caminho que lhe garante viver neste mundo sob a proteção de Jesus e, na eternidade, no lugar reservado aos seus seguidores.

Não esqueça que a vida é sua, os sentimentos também. Decida quem ou o que você vai permitir que entre nela.

Liberte-se do passado, ele não existe mais!!! Você não pode mais entrar nele, nem ele pode mais chegar até você.

Não deixe que as ameaças do futuro roubem a felicidade do seu presente. Elas poderão nem se realizar!!!

Plante seu jardim, decore sua alma, em vez de esperar que alguém lhe mande flores!

Não esqueça nunca que você foi criado à imagem e semelhança de Deus. É isso que lhe dá a potencialidade para fazer a obra dele.

Jesus veio ao mundo para abrir as portas do céu para você. O Santo dos Santos já está aberto. Entre! Jesus rasgou o véu... você não precisa chegar a Ele por intermédio de alguém. Vá direto, Ele lhe deu esse poder. E leve junto todas as almas que lhe ensinou a salvar.

Não deixe para trás os seus entes queridos, sua família, seus amigos, todas as pessoas que, não por acaso, passaram pela sua vida.

Aquele próximo que você vê todos os dias e nunca fez nada para salvar.

Esteja na presença de Deus porque você o ama, não por imposição de ritos. Busque sempre a sua intimidade e comunhão com Ele. Evite relacionamento superficial com Deus, pois nada lhe acrescentará.

Você é um vaso do Senhor, Ele o enche com a sua Palavra, seu amor, seu conhecimento. Ensina-o e o capacita para salvar almas, sua grande missão neste mundo.

Levante e ande!!! Você faz parte do Exército de Deus!!! Ouça o seu comando e realize a sua ordem!!!!

A vida neste mundo passa tão rápido! Mal o dia começa e já termina, aproveite-a para construir a sua morada no céu!!!

Você já escolheu onde quer passar a eternidade?

Meus amados, este livro tem o objetivo de mostrar-lhes como chegar ao coração de Deus, entrar em comunhão e intimidade com Ele. Ouvir a sua voz e pedir-lhe sabedoria e discernimento para compreendê-lo.

Precisamos escolher um lugar secreto para orar. Tão nosso! Só nosso!

Pode ser um lugarzinho na nossa casa. Ali coloque uma cadeira confortável. Uma mesa, com a Bíblia, uma lâmpada, um bloco para escrever, uma toalhinha para secar as lágrimas, quando a unção se manifestar. Relógio não precisa. Não marque horário para o Espírito Santo. Muito menos o interrompa!

Crie o hábito de sentar ali para orar.

Saúde a Deus, em nome de Jesus. Peça ao Espírito Santo que o ensine e dirija a sua oração.

Leve um tempo adorando ao Senhor, peça-lhe perdão pelos seus pecados. Diga a Ele o quanto você o ama e depende dele. Geralmente, quando sentimos a sua presença, choramos.

Eu fico um bom tempo adorando-o e chorando!!!

Aos poucos, você vai conseguindo melhor conhecer a Deus, abrindo-lhe o seu coração e convidando-o a entrar.

Então, mostre-lhe as suas necessidades, faça os seus pedidos, pois já estará pertinho dele. Conhecerá então a sua graça, aquela que Jesus recebeu na cruz, pela sua salvação.

Termine sempre agradecendo e tomando posse do que pediu, pois quem melhor do que Deus para realizar os seus pedidos?

Concluo este livro, enfatizando o propósito com o qual o comecei: a salvação de almas!

Você que o leu já é um escolhido de Deus, para continuar a obra de Jesus Cristo, neste mundo. Faça de sua vida um canal de bênçãos com a finalidade de levar pessoas para o céu!

Fale de Jesus para as pessoas. Dê o seu testemunho e diga-lhes o quanto é mais feliz depois da sua conversão. Peça ajuda ao Espírito Santo, que irá preparando os corações.

Peça, com muito carinho, à pessoa com a qual vai orar, que repita com você:

"Senhor Deus, em nome de Jesus, eu te peço perdão por todos os meus pecados. Entrego-te a minha vida e te recebo como meu único e total Salvador! Peço-te que me faças digno(a) de ser teu(tua) filho(a). E assim eu oro, por minha livre e espontânea vontade! Obrigada, meu Deus!!!"

Essa oração, feita conscientemente, sob vontade própria, garante à pessoa que a fez a salvação eterna.

Base bíblica:

> *"Se com a tua boca confessares a Jesus como Senhor, e no teu coração creres que Deus o ressuscitou entre os mortos, serás salvo."* ***(Romanos 10:9)***

Meus amados, deixo-lhes aqui a minha gratidão, por receberem do Espírito Santo esta mensagem.

Certamente Jesus quer abençoar cada pessoa que a ler, com o propósito de seguir a sua obra redentora neste mundo.

> *"Confia no Senhor, e faze o bem; habita na terra e alimenta-te da verdade.*
>
> *Agrada-te do Senhor, e ele satisfará os desejos do teu coração.*
>
> *Entrega o teu caminho ao Senhor, confia nele, e o mais ele*

fará. Fará sobressair a tua justiça como a luz e o teu direito como o sol ao meio-dia. Descansa no Senhor e espera nele."
(Salmo 37:3-7)

Recebam o meu abraço mais carinhoso e a certeza de nos encontrarmos um dia, no céu.
Deus os abençoe, sempre!!!

**Mara Bittencourt da Rosa,
Londrina, 26 de março de 2021.**